动画视频 + 全彩图解

道路交通安全法规

郭建英　编

U0419170

化学工业出版社
·北京·

内容简介

《动画视频＋全彩图解 道路交通安全法规》对新交规的相关条文进行了全面解读，内容涵盖道路、车辆和交通事故的基本法律概念，机动车登记、检验、保险和强制报废相关规定，机动车驾驶证申领、换证、补证规定，交通信号灯、标志、标线和警察指挥手势规定，机动车、非机动车和行人的通行规定，交通事故处理和损害赔偿规定，执法监督及相关法律责任等。

全书以彩色图解的形式进行介绍，图片精美丰富，直观易懂；涉及具体驾驶操作的内容配套MP4三维动画演示视频讲解，扫描书内二维码即可观看。图文内容和配套动画视频对照学习，便于快速理解和掌握。

本书适合新手老驾驶员日常学习交通法规使用，也可供汽车驾驶相关培训机构组织教学以及正在进行科目一驾驶考试的驾校学员自学使用，对汽车驾驶和交通安全感兴趣的读者也可参阅。

图书在版编目（CIP）数据

动画视频+全彩图解 道路交通安全法规/郭建英编.
—北京：化学工业出版社，2021.2（2024.10重印）
ISBN 978-7-122-38141-5

Ⅰ.①动… Ⅱ.①郭… Ⅲ.①道路交通安全法-中国-图解 Ⅳ.①D922.14-64

中国版本图书馆CIP数据核字（2020）第243403号

责任编辑：黄 滢　　文字编辑：冯国庆
责任校对：宋 夏　　装帧设计：王晓宇

出版发行：化学工业出版社（北京市东城区青年湖南街13号 邮政编码100011）
印　　装：三河市航远印刷有限公司
710mm×1000mm 1/16 印张$12^{3}/_{4}$ 字数241千字 2024年10月北京第1版第6次印刷

购书咨询：010-64518888　　售后服务：010-64518899
网　　址：http://www.cip.com.cn
凡购买本书，如有缺损质量问题，本社销售中心负责调换。

定　　价：69.00元

版权所有 违者必究

前 言

随着国内私家车的日益普及，汽车驾驶员的数量也是与日俱增，但是随之而来引发的交通事故也越来越多，交通安全问题已经成为人们普遍关心的社会问题。究其原因，主要是由于驾驶员对道路交通安全问题重视不够，不遵守交通安全法律法规，不按交通规则行驶造成的。尤其是一些驾驶新手们由于技术不够熟练、缺少日常行车经验，遇到危险时来不及躲避，也容易引发交通事故。

为帮助广大汽车驾驶员朋友尽快熟悉和掌握道路交通安全法律法规基本常识，避免和减少交通事故，在化学工业出版社的组织下，特编写了本书。

本书根据最新版《道路交通安全法》《道路交通安全法实施条例》以及2022年4月1日公安部令第162号公布最新执行的《机动车驾驶证申领和使用规定》编写而成。书中精心选取了其中的常用与实用内容，以彩色图解的形式，对相关法律法规条文进行了全面解读。内容涵盖道路、车辆和交通事故的基本法律概念，机动车登记、检验、保险和强制报废相关规定，机动车驾驶证申领、换证、补证规定，交通信号灯、标志、标线和警察指挥手势规定，机动车、非机动车和行人的通行规定，交通事故处理和损害赔偿规定，执法监督及相关法律责任等。

本书图片精美丰富，直观易懂；涉及具体驾驶操作的内容配套MP4三维动画演示视频讲解，扫描书内相关章节的二维码即可观看。将图文内容和动画视频对照学习，便于读者快速理解和掌握。

本书适合新手老驾驶员学习交通法规使用，也可供汽车驾驶相关培训机构组织日常教学以及正在进行科目一驾驶考试的驾校学员自学使用。全书配备多媒体教学PPT课件，有需要的读者可在购书后联系编辑免费索取，联系电话：010-64519275。

本书由郭建英编写而成，由于笔者水平有限，书中难免有疏漏和不足之处，敬请广大读者批评指正。

编 者

目录

第1章
基本法律概念

1.1 道路

道路是指公路、城市道路和虽在单位管辖范围但允许社会机动车通行的地方，包括广场、公共停车场等用于公众通行的场所。

并非所有一般意义上的道路都可以成为《道路交通安全法》规定的“道路”，“道路”应具有公众通行的特征。《道路交通安全法》所维护的是具有社会性的公众通行场所内的交通秩序和交通安全。因此，在法定“道路”范围以外的道路或其他场所的交通行为和交通事故处理等不受其规定的交通规则和原则的规范

《道路交通安全法》中定义的道路包括以下几种。

❶ 公路：根据《公路法》的规定，公路按照其在公路网中的地位，分为国道、省道、县道和乡道，包括陆面道路、公路桥梁、公路隧道以及公路渡口。

❷ 城市道路：根据《城市道路管理条例》的规定，城市道路是指城市供车辆、行人通行，具备一定技术条件的道路、桥梁及其附属设施。属于单位管辖范围但允许社会机动车自由通行的道路，如厂矿道路、机场道路、港区道路等，均按照道路进行管理。

❸ 广场：指城市规划在道路用地范围内，专供公众集会、游乐、步行和交通集散的场地。

公共停车场：指在规划的道路用地范围内专门划设出供车辆停放的车辆集散地，是道路系统中的一个重要组成部分。

除《道路交通安全法》定义的“道路”以外的其他道路，如矿区、厂区、林区、农场等单位自建的不通行社会车辆的专用道路、乡间小道、田野机耕道、城市楼群或排房之间的甬道以及机关、学校、住宅小区内的甬道等均不属于《道路交通安全法》规定的道路范畴。

1.2 车辆

车辆是指机动车和非机动车。

机动车是指以动力装置驱动或者牵引，上道路行驶的供人员乘用或者用于运送物品以及进行工程专项作业的轮式车辆。

非机动车是指以人力或者畜力驱动，上道路行驶的交通工具，以及虽有动力装置驱动但设计最高时速、空车质量、外形尺寸符合有关国家标准的残疾人机动轮椅车、电动自行车等交通工具。

1.3 交通事故

交通事故是指车辆在道路上因过错或者意外造成的人身伤亡或者财产损失的事件。

第2章
机动车

2.1 机动车登记制度

国家对机动车实行登记制度，机动车经公安机关交通管理部门登记后，方可上道路行驶。尚未登记的机动车，需要临时上道路行驶的，应当取得临时通行牌证。

2.1.1 注册登记

初次申领机动车号牌、行驶证的，机动车所有人应当向住所地的车辆管理所申请注册登记。

机动车所有人应当到机动车安全技术检验机构对机动车进行安全技术检验，取得机动车安全技术检验合格证明后申请注册登记。

免于安全技术检验的机动车有下列情形之一的，应当进行安全技术检验：

（1）国产机动车出厂后两年内未申请注册登记的；

（2）经海关进口的机动车进口后两年内未申请注册登记的；

（3）申请注册登记前发生交通事故的。

专用校车办理注册登记前，应当按照专用校车国家安全技术标准进行安全技术检验。

申请注册登记的，应该提交以下证明、凭证：

（1）机动车所有人的身份证明；

（2）购车发票等机动车来历证明；

（3）机动车整车出厂合格证明或者进口机动车进口凭证；

（4）车辆购置税完税证明或者免税凭证；

（5）机动车交通事故责任强制保险凭证；

（6）车船税纳税或者免税证明；

（7）法律、行政法规规定应当在机动车注册登记时提交的其他证明、凭证。

不属于经海关进口的机动车和国务院机动车产品主管部门规定免于安全技术检验的机动车，还应当提交机动车安全技术检验合格证明。

车辆管理所应当自受理申请之日起两日内，确认机动车，核对车辆识别代号拓印膜，审查提交的证明、凭证，核发机动车登记证书、号牌、行驶证和检验合格标志。

车辆管理所办理消防车、救护车、工程救险车注册登记时，应当对车辆的使用性质、标志图案、标志灯具和警报器进行审查。

车辆管理所办理全挂汽车列车和半挂汽车列车注册登记时，应当对牵引车和挂车分别核发机动车登记证书、号牌和行驶证。

有下列情形之一的，不予办理注册登记：

（1）机动车所有人提交的证明、凭证无效的；

（2）机动车来历证明被涂改或者机动车来历证明记载的机动车所有人与身份证明不符的；

（3）机动车所有人提交的证明、凭证与机动车不符的；

（4）机动车未经国务院机动车产品主管部门许可生产或者未经国家进口机动车主管部门许可进口的；

（5）机动车的有关技术数据与国务院机动车产品主管部门公告的数据不符的；

（6）机动车的型号、发动机号码、车辆识别代号或者有关技术数据不符合国家安全技术标准的；

（7）机动车达到国家规定的强制报废标准的；

（8）机动车被人民法院、人民检察院、行政执法部门依法查封、扣押的；

（9）机动车属于被盗抢的；

（10）其他不符合法律、行政法规规定的情形。

2.1.2　变更登记

已注册登记的机动车有下列情形之一的，机动车所有人应当向登记地车辆管理所申请变更登记：

（1）改变车身颜色的；

（2）更换发动机的；

（3）更换车身或者车架的；

（4）因质量问题更换整车的；

（5）营运机动车改为非营运机动车或者非营运机动车改为营运机动车等使用性质改变的；

（6）机动车所有人的住所迁出或者迁入车辆管理所管辖区域的。

申请变更登记，应当提交下列证明、凭证：属于前款第（1）项、第（2）项和第（3）项规定的变更事项的，机动车所有人应当在变更后十日内向车辆管理所申请变更登记；属于前款第（6）项规定的变更事项的，机动车所有人申请转出前，应当将涉及该车的道路交通安全违法行为和交通事故处理完毕。

申请变更登记的，机动车所有人应当填写申请表，交验机动车，并提交以下证明、凭证：

（1）机动车所有人的身份证明；

（2）机动车登记证书；

（3）机动车行驶证；

（4）属于更换发动机、车身或者车架的，还应当提交机动车安全技术检验合格证明；

（5）属于因质量问题更换整车的，还应当提交机动车安全技术检验合格证明，但经海关进口的机动车和国务院机动车产品主管部门认定免于安全技术检验的机动车除外。

车辆管理所应当自受理之日起一日内，确认机动车审查提交的证明、凭证，在机动车登记证书上签注变更事项，收回行驶证，重新核发行驶证。

对更换车身或者车架的、因质量问题更换整车的、机动车所有人的住所迁出或者迁入车辆管理所管辖区域进行变更登记事项的，应当核对车辆识别代号拓印膜。

车辆管理所办理机动车变更登记时，需要改变机动车号牌号码的，收回号牌、行驶证，确定新的机动车号牌号码，重新核发号牌、行驶证和检验合格标志。

机动车所有人的住所迁出车辆管理所管辖区域的，车辆管理所应当自受理之日起三日内，在机动车登记证书上签注变更事项，收回号牌、行驶证，核发有效期为三十日的临时行驶车号牌，将机动车档案交机动车所有人。机动车所有人应当在临时行驶车号牌的有效期限内到住所地车辆管理所申请机动车转入。申请机动车转入的，机动车所有人应当填写申请表，提交身份证明、机动车登记证书、机动车档案，并交验机动车。机动车在转入时已超过检验有效期的，应当在转入地进行安全技术检验并提交机动车安全技术检验合格证明和交通事故责任强制保险凭证。车辆管理所应当自受理之日起三日内，确认机动车，核对车辆识别代号拓印膜，审查相关证明、凭证和机动车档案，在机动车登记证书上签注转入信息，核发号牌、行驶证和检验合格标志。

机动车所有人为两人以上，需要将登记的所有人姓名变更为其他所有人姓名的，应当提交机动车登记证书、行驶证、变更前和变更后机动车所有人的身份证明和共同所有的公证证明，但属于夫妻双方共同所有的，可以提供《结婚证》或者证明夫妻关系的《居民户口簿》。

有下列情形之一，在不影响安全和识别号牌的情况下，机动车所有人不需要办理变更登记：

（1）小型、微型载客汽车加装前后防撞装置；

（2）货运机动车加装防风罩、水箱、工具箱、备胎架等；

（3）增加机动车车内装饰。

2.1.3 转移登记

已注册登记的机动车所有权发生转移的，现机动车所有人应当自机动车交

车辆过户

付之日起三十日内向登记地车辆管理所申请转移登记。

机动车所有人申请转移登记前，应当将涉及该车的道路交通安全违法行为和交通事故处理完毕。

申请转移登记的，现机动车所有人应当填写申请表，交验机动车，并提交以下证明、凭证：

（1）现机动车所有人的身份证明；

（2）机动车所有权转移的证明、凭证；

（3）机动车登记证书；

（4）机动车行驶证；

（5）属于海关监管的机动车，还应当提交《中华人民共和国海关监管车辆解除监管证明书》或者海关批准的转让证明；

（6）属于超过检验有效期的机动车，还应当提交机动车安全技术检验合格证明和交通事故责任强制保险凭证。

现机动车所有人住所在车辆管理所管辖区域内的，车辆管理所应当自受理申请之日起一日内，确认机动车，核对车辆识别代号拓印膜，审查提交的证明、凭证，收回号牌、行驶证，确定新的机动车号牌号码，在机动车登记证书上签注转移事项，重新核发号牌、行驶证和检验合格标志。

有下列情形之一的，不予办理转移登记：

（1）机动车与该车档案记载内容不一致的；

（2）属于海关监管的机动车，海关未解除监管或者批准转让的；

（3）机动车在抵押登记、质押备案期间的；

（4）机动车所有人提交的证明、凭证无效的；

（5）机动车来历证明被涂改或者机动车来历证明记载的机动车所有人与身份证明不符的；

（6）机动车达到国家规定的强制报废标准的；

（7）机动车被人民法院、人民检察院、行政执法部门依法查封、扣押的；

（8）机动车属于被盗抢的。

被人民法院、人民检察院和行政执法部门依法没收并拍卖，或者被仲裁机构依法仲裁裁决，或者被人民法院调解、裁定、判决机动车所有权转移时，原机动车所有人未向现机动车所有人提供机动车登记证书、号牌或者行驶证的，现机动车所有人在办理转移登记时，应当提交人民法院出具的未得到机动车登记证书、号牌或者行驶证的《协助执行通知书》，或者人民检察院、行政执法部门出具的未得到机动车登记证书、号牌或者行驶证的证明。车辆管理所应当公告原机动车登记证书、号牌或者行驶证作废，并在办理转移登记的同时，补发机动车登记证书。

2.1.4 抵押登记

机动车所有人将机动车作为抵押物抵押的，应当向登记地车辆管理所申请抵押登记；抵押权消灭的，应当向登记地车辆管理所申请解除抵押登记。

申请抵押登记的，机动车所有人应当填写申请表，由机动车所有人和抵押权人共同申请，并提交下列证明、凭证：

（1）机动车所有人和抵押权人的身份证明；

（2）机动车登记证书；

（3）机动车所有人和抵押权人依法订立的主合同和抵押合同。

车辆管理所应当自受理之日起一日内，审查提交的证明、凭证，在机动车登记证书上签注抵押登记的内容和日期。

申请解除抵押登记，需交下列证明、凭证：

（1）机动车所有人和抵押权人的身份证明；

（2）机动车登记证书。

人民法院调解、裁定、判决解除抵押的，机动车所有人或者抵押权人应当填写申请表，提交机动车登记证书、人民法院出具的已经生效的《调解书》《裁定书》或者《判决书》，以及相应的《协助执行通知书》。

车辆管理所应当自受理之日起一日内，审查提交的证明、凭证，在机动车登记证书上签注解除抵押登记的内容和日期。

2.1.5 注销登记

已达到国家强制报废标准的机动车，机动车所有人向机动车回收企业交售机动车时，应当填写申请表。报废的校车、大型客车、大型货车及其他营运车辆应当在车辆管理所的监督下解体。

车辆报废的注销登记：已注册登记

的机动车达到国家规定的强制报废标准的，公安机关交通管理部门应当在报废期满的2个月前通知机动车所有人办理注销登记。机动车所有人应当在报废期满前将机动车交售给机动车回收企业，由机动车回收企业将报废的机动车登记证书、号牌、行驶证交公安机关交通管理部门注销。

出现以下情形的，机动车所有人应当向登记地车辆管理所申请注销登记：

（1）机动车灭失的；

（2）机动车因故不在我国境内使用的；

（3）因质量问题退车的。

已注册登记的机动车有下列情形之一的，登记地车辆管理所应当办理注销登记：

（1）机动车登记被依法撤销的；

（2）达到国家强制报废标准的机动车被依法收缴并强制报废的。

机动车所有人申请注销登记的，应当填写申请表，并提交以下证明、凭证：

（1）机动车登记证书；

（2）机动车行驶证；

（3）属于机动车灭失的，还应当提交机动车所有人的身份证明和机动车灭失证明；

（4）属于机动车因故不在我国境内使用的，还应当提交机动车所有人的身份证明和出境证明，其中属于海关监管的机动车，还应当提交海关出具的《中华人民共和国海关监管车辆进（出）境领（销）牌照通知书》；

（5）属于因质量问题退车的，还应当提交机动车所有人的身份证明和机动车制造厂或者经销商出具的退车证明。

因车辆损坏无法驶回登记地的，机动车所有人可以向车辆所在地机动车回收企业交售报废机动车。交售机动车时应当填写申请表，提交机动车登记证书、号牌和行驶证。机动车回收企业应当确认机动车并解体，向机动车所有人出具《报废机动车回收证明》。报废的校车、大型客车、大型货车及其他营运车辆应当在报废地车辆管理所的监督下解体。

已注册登记的机动车有下列情形之一的，车辆管理所应当公告机动车登记证书、号牌、行驶证作废：

（1）达到国家强制报废标准，机动车所有人逾期不办理注销登记的；

（2）机动车登记被依法撤销后，未收缴机动车登记证书、号牌、行驶证的；

（3）达到国家强制报废标准的机动车被依法收缴并强制报废的；

（4）机动车所有人办理注销登记时未交回机动车登记证书、号牌、行驶证的。

已注册机动车强制报废情况：

（1）达到规定使用年限的；

（2）经修理和调整仍不符合机动车安全技术国家标准对在用车有关要求的；

（3）经修理和调整或者采用控制技术后，向大气排放污染物或者噪声仍不符合国家标准对在用车有关要求的；

（4）在检验有效期届满后连续3个机动车检验周期内未取得机动车检验合格标志的。

各类机动车使用年限：

（1）小、微型出租客运汽车使用8年，中型出租客运汽车使用10年，大型出租客运汽车使用12年；

（2）租赁载客汽车使用15年；

（3）小型教练载客汽车使用10年，中型教练载客汽车使用12年，大型教练载客汽车使用15年；

（4）公交客运汽车使用13年；

（5）其他小、微型营运载客汽车使用10年，大、中型营运载客汽车使用15年；

（6）专用校车使用15年；

（7）大、中型非营运载客汽车（大型轿车除外）使用20年；

（8）三轮汽车、装用单缸发动机的低速货车使用9年，其他载货汽车（包括半挂牵引车和全挂牵引车）使用15年；

（9）有载货功能的专项作业车使用15年，无载货功能的专项作业车使用30年；

（10）全挂车、危险品运输半挂车使用10年，集装箱半挂车使用20年，其他半挂车使用15年；

（11）正三轮摩托车使用12年，其他摩托车使用13年。

对小、微型出租客运汽车（纯电动汽车除外）和摩托车，省、自治区、直辖市人民政府有关部门可结合本地实际情况，制定严于上述使用年限的规定，但小、微型出租客运汽车不得低于6年，正三轮摩托车不得低于10年，其他摩托车不得低于11年。

小、微型非营运载客汽车、大型非营运轿车、轮式专用机械车无使用年限限制。

达到下列行驶里程的机动车，其所有人可以将机动车交售给报废机动车回收拆解企业，由报废机动车回收拆解企业按规定进行登记、拆解、销毁等处理，并将报废的机动车登记证书、号牌、行驶证交公安机关交通管理部门注销：

（1）小、微型出租客运汽车行驶60万千米，中型出租客运汽车行驶50万千米，大型出租客运汽车行驶60万千米；

（2）租赁载客汽车行驶60万千米；

（3）小型和中型教练载客汽车行驶50万千米，大型教练载客汽车行驶

60万千米；

（4）公交客运汽车行驶40万千米；

（5）其他小、微型营运载客汽车行驶60万千米，中型营运载客汽车行驶50万千米，大型营运载客汽车行驶80万千米；

（6）专用校车行驶40万千米；

（7）小、微型非营运载客汽车和大型非营运轿车行驶60万千米，中型非营运载客汽车行驶50万千米，大型非营运载客汽车行驶60万千米；

（8）微型载货汽车行驶50万千米，中、轻型载货汽车行驶60万千米，重型载货汽车（包括半挂牵引车和全挂牵引车）行驶70万千米，危险品运输载货汽车行驶40万千米，装用多缸发动机的低速货车行驶30万千米；

（9）专项作业车、轮式专用机械车行驶50万千米；

（10）正三轮摩托车行驶10万千米，其他摩托车行驶12万千米。

2.2 机动车安全技术检验

2.2.1 机动车年检

车辆年检，是每个已经取得正式号牌和行驶证的车辆都必须进行的一项检测，相当于按《机动车运行安全技术条件》给车辆做“体检”（图2-2-1）。

车辆年检可以及时消除车辆安全隐患，督促加强汽车的维护保养，减少交通事故的发生。

机动车应当从注册登记之日起，按照下列期限进行安全技术检验。

（1）营运载客汽车5年以内每年检验1次；超过5年的，每6个月检验1次。

（2）载货汽车和大型、中型非营运载客汽车10年以内每年检验1次；超过10年的，每6个月检验1次。

（3）小型、微型非营运载客汽车10年以内每2年检验1次；超过15年的，每6个月检验1次。

（4）6年以内的摩托车免于到检验机构检验，需要定期检验时，机动车所有人可以直接到公安交管部门申领检验合格标志。

图2-2-1 车辆年检

（5）拖拉机和其他机动车每年检验1次；营运机动车在规定检验期限内经安全技术检验合格的，不再重复进行安全技术检验。

（6）超过报废年限的车辆不可以再过户（买卖），但可以继续使用；买卖时可以先到车管所办理该车的报废单（注销该车的档案），然后进行买卖。

2.2.2 机动车检测流程

（1）尾气检测。先排好队，到收费窗口交检测费，等候上线。检测前会有工作人员进行初检，主要是核对发动机号与行驶证是否一致，再简单看看外观、车况等，然后填写尾气检测表。检测时，由检测员开车上线，一般新车都很容易过关，拿到合格的尾气检测表就可以到窗口交钱领尾气合格标。如果不合格，需要到汽修厂调试后重新上线检测。

（2）查违章。在查询窗口领取并填写“机动车定期检验登记表”，可凭行驶证领取。填好表中事项交工作人员查询有无违章记录，没问题的表上会加盖“已核对，可验车”章，有违章的，拿着违章告知单尽快处理违章。

（3）交押金。在押金窗口缴押金，拿好押金条，领取并填写外观检验单。

（4）外观检验。持外观检验单到外观工位，先查相关手续，核验第三者保险（强制性保险）是否在有效期内。手续查完之后才开始外观检验，这项检查主要看车灯有无破损、车身外观是否为原样、悬架有无变动，还有天窗、轮胎等。

（5）上线检测。外观检验没问题，排队等候上线检测。检测线负责刹车、大灯（远光）、底盘等内容的检测，大概5～10分钟，车开下线就可以领到一张计算机打印的表，大致有制动、灯光、喇叭等项目，合格的项目打印“○”，不合格的打印“×”。

（6）总检审核。检验合格后，准备一张身份证复印件，到大厅总检处签字盖章。

（7）交费领标。到窗口交相关费用，退回押金，领“机动车检验合格标志”，在标志后和行驶证副证上均打印有效期。绿标背后会写上有效期，即下一次检验的时间。在检字标识上打孔，有孔的月份就是下次检验的月份。

2.3 关于特种车辆的规定

2.3.1 特种车辆的定义

特种车辆是指警车、消防车、救护车、工程救险车。由于特种车辆在执行紧急任务时可以享受一定的道路行驶优先权，甚至在特殊情况下还可以不必遵守某种交通规则，所以对于特种车辆的管理就显得十分必要。而对特种车辆管理的重点是对其标志图案、警报器和标志灯具的管理，这是用以识别特种车辆的几个主要特征。

根据公安部关于特种车辆安装使用警报器和标志灯具的管理规定，特种车辆的具体范围如下。

（1）警车：包括公安机关用于侦察、警卫和治安、交通管理的巡逻车、勘察车、救护车、囚车以及其他执行特别紧急任务的车辆；国家安全机关用于执行侦察和其他特殊任务的车辆；人民检察院用于侦察刑事犯罪案件的现场勘察车和押解人犯的囚车；人民法院用于押解人犯的囚车；司法行政机关用于押解罪犯、运送劳教人员的囚车、专用车和追缉逃犯的车辆（图2-3-1）。

（2）消防车：公安消防部队和其他消防部门用于灭火的专用车辆和现场指挥车辆（图2-3-2）。

图2-3-1 警车

图2-3-2 消防车

（3）救护车：急救、医疗机构和卫生防疫部门用于抢救危重病人或处理紧急疫情的专用车辆（图2-3-3）。

（4）工程救险车：防汛、水利、电力、矿山、城建、交通、铁道部等部门用于抢修公用设施、抢救人民生命财产的专用车辆和现场指挥车辆（图2-3-4）。

图2-3-3 救护车

图2-3-4 工程救险车

对于上述不同种类的特种车辆，其警报器和标志灯具是根据不同的标准进行安装的。

（1）警车：安装“双音转换调”“紧急调频调”警报器和红色回转式警灯。

（2）消防车：安装“连续调频调”警报器和红色回转式警灯。

（3）工程救险车：安装“单音断鸣器”警报器和黄色回转式标志灯具。

（4）救护车：安装“慢速双音转换器”警报器和蓝色回转式标志灯具。

上述各类特种车辆安装的警报器，音调声压级为110 ～ 115分贝。

2.3.2 法律法规

未经公安机关交通管理部门批准，机动车不得喷涂、安装、使用前款规定车辆专用的或者与其相类似的标志图案、警报器或者标志灯具（图2-3-5）。

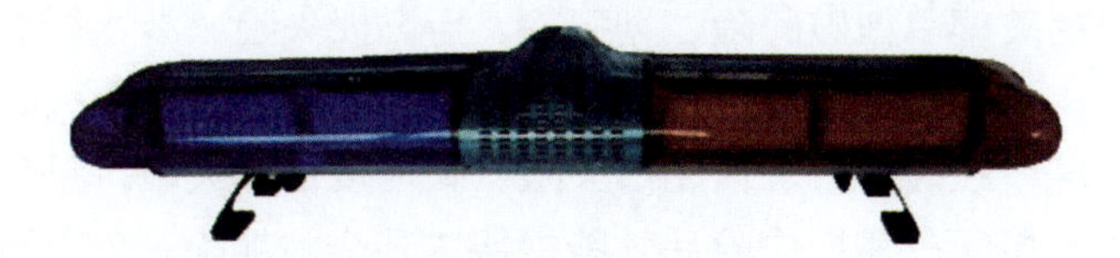

图2-3-5 标志灯具

根据道路交通安全法的规定，对于违反规定非法安装警报器、标志灯具的，由公安交通管理部门强制拆除，予以收缴，并处二百元以上两千元以下罚款。

各类特种车辆在使用警报器和标志灯具，必须遵守下列事项。

（1）在执行非紧急任务时，不准使用警报器和标志灯具。

（2）执行紧急任务时，可视交通情况断续使用警报器和标志灯具。

（3）两辆车以上列队行驶时，前车使用警报器，后车无特殊情况不得再使用警报器。

（4）夜间12点后，除特殊需要又特别紧急的情况以外，不准使用警报器。

2.4 关于保险

2.4.1 机动车保险介绍

机动车保险是指财产保险的一种，又称汽车保险。它是以机动车本身及机动车的第三者责任为保险标的一种运输工具保险。

1.定义

机动车辆保险是以汽车、电车、电瓶车、摩托车、拖拉机等机动车辆作为

保险标的的一种保险。

2. 险种

机动车保险一般包括交强险和商业险，商业险包括基本险（也称主险）和附加险两部分。

基本险分为车辆损失险和第三者责任保险、全车盗抢险（盗抢险）、车上人员责任险（司机责任险和乘客责任险）。

附加险包括玻璃单独破碎险、划痕险、自燃损失险、涉水行驶险、无过失责任险、车载货物掉落责任险、车辆停驶损失险、新增设备损失险、不计免赔特约险等。玻璃单独破碎险、自燃损失险、新增设备损失险，是车辆损失险的附加险，必须先投保车辆损失险后才能投保这几个附加险。车上责任险、无过错责任险、车载货物掉落责任险等，是第三者责任险的附加险，必须先投保第三者责任险后才能投保这几个附加险。每个险别不计免赔是可以独立投保的。

3. 交强险

交强险全称为“机动车交通事故责任强制保险”，是中国首个由国家法律规定实行的强制保险制度。

《机动车交通事故责任强制保险条例》（以下简称《条例》）规定：交强险是由保险公司对被保险机动车发生道路交通事故造成受害人（不包括本车人员和被保险人）的人身伤亡、财产损失，在责任限额内予以赔偿的强制性责任保险。

下列六种情况下交强险可以办理退保：被保险机动车被依法注销登记的；被保险机动车办理停驶的；被保险机动车经公安机关证实丢失的；投保人重复投保交强险的；被保险机动车被转卖、转让、赠送至车籍所在地以外的地方；新车因质量问题被销售商收回或因相关技术参数不符合国家规定交管部门不予上户的。

4. 商业险

（1）车辆损失险。在机动车辆保险中，车辆损失险与第三者责任险构成了其主干险种，并在若干附加险的配合下，共同为保险客户提供多方面的危险保障服务。

车辆损失险的保险标的，是各种机动车辆的车身及其零部件、设备等。当保险车辆遭受保险责任范围的自然灾害或意外事故，造成保险车辆本身损失时，保险人应当依照保险合同的规定给予赔偿。

车辆损失险的保险责任，包括碰撞责任、倾覆责任与非碰撞责任，其中碰撞是指被保险车辆与外界物体的意外接触，如车辆与车辆、车辆与建筑物、车辆与电线杆或树木、车辆与行人、车辆与动物等碰撞，均属于碰撞责任范围之列；倾覆责任指保险车辆由于自然灾害或意外事故，造成本车翻倒，车体触地，使其失去正常状态和行驶能力，不经施救不能恢复行驶。非碰撞责任，则可以分为以下几类。

❶ 保险单上列明的各种自然灾害，如洪水、暴风、雷击、泥石流、地震等。

❷ 保险单上列明的各种意外事故，如火灾、爆炸、空中运行物体的坠落等。

❸ 其他意外事故，如倾覆、冰陷、载运被保险车辆的渡船发生意外等。

机动车辆损失险的责任免除包括风险免除（损失原因的免除）和损失免除（保险人不赔偿的损失）。风险免除主要包括：

❶ 战争、军事冲突、恐怖活动、暴乱、扣押、罚没、政府征用；

❷ 在营业性维修场所修理、养护期间；

❸ 用保险车辆从事违法活动；

❹ 驾驶人员饮酒、吸食或注射毒品、被药品麻醉后使用保险车辆；

❺ 保险车辆肇事逃逸；

❻ 驾驶人员无驾驶证或驾驶车辆与驾驶证准驾车型不相符；

❼ 非被保险人直接允许的驾驶人员使用保险车辆；

❽ 车辆不具备有效行驶证件。

损失免除主要包括自然磨损、锈蚀、故障、市场价格变动造成的贬值等。

需要指出的是，机动车辆保险的保险责任范围由保险合同规定，且并非是一成不变的，如以往均将失窃列为基本责任，后来却将其列为附加责任，即被保险人若不投保便不可能得到该项危险的保障。

（2）第三者责任险。机动车辆第三者责任险，是承保被保险人或其允许的合格驾驶人员在使用被保险车辆时因发生意外事故而导致的第三者的损害索赔危险的一种保险。由于第三者责任险的主要目的在于维护公众的安全与利益，因此，在实践中通常作为法定保险并强制实施。

机动车第三者责任险的保险责任，即是被保险人或其允许的合格驾驶人员在使用被保险车辆过程中发生意外事故而致使第三者人身或财产受到直接损毁时被保险人依法应当支付的赔偿金额。在此保险的责任核定，应当注意两点。

❶ 直接损毁，实际上是指现场财产损失和人身伤害，各种间接损失不在保险人负责的范围内。

❷ 被保险人依法应当支付的赔偿金额，保险人依照保险合同的规定进行补偿。

这两个概念是不同的，即被保险人的补偿金额并不一定等于保险人的赔偿金额，因为保险人的赔偿必须扣除除外不保的责任或除外不保的损失。例如，被保险人所有或代管的财产，私有车辆的被保险人及其家庭成员以及他们所有或代管的财产，本车的驾驶人员及本车上的一切人员和财产在交通事故中的损失，不在第三者责任保险负责赔偿之列；被保险人的故意行为，驾驶人员酒后或无有效驾驶证开车等行为导致的第三者责任损失，保险人也不负责赔偿。

（3）附加保险。机动车辆的附加险是机动车辆保险的重要组成部分。从中国现行的机动车辆保险条款看，主要有附加盗抢险、附加自燃损失险、附加涉水行驶损失险、附加新增加设备损失险、附加不计免赔特约险、附加驾驶人员意外伤害险、附加指定专修险等，保险客户可根据自己的需要选择投保。

（4）盗抢险。盗抢险负责赔偿保险车辆因被盗窃、被抢劫、被抢夺造成车辆的全部损失，以及期间由于车辆损坏或车上零部件、附属设备丢失所造成的损失，但不能故意损坏。

（5）划痕险。划痕险即车辆划痕险，它属于附加险中的一项，主要是作为车损险的补充，能够为意外原因造成的车身划痕提供有效的保障。划痕险针对的是车身漆面的划痕，若碰撞痕迹明显，划了个口子，还有个大凹坑，则不属于划痕，而属于车损险的理赔范围。

（6）玻璃单独破碎险。玻璃单独破碎险，即保险公司负责赔偿被保险的车辆在使用过程中，车辆本身发生玻璃单独破碎损失的一种商业保险。车主一定要注意“单独”二字，是指被保车辆只有挡风玻璃和车窗玻璃（不包括车灯、车镜玻璃）出现破损的情况下保险公司才可以进行赔偿。

（7）自燃险。自燃险即“车辆自燃损失保险”，是车损险的一个附加险，只有在投保了车损险之后才可以投保自燃险。在保险期间内，保险车辆在使用过程中，由于本车电路、线路、油路、供油系统、货物自身发生问题、机动车运转摩擦起火引起火灾，造成保险车辆的损失，以及被保险人在发生该保险事故时，为减少保险车辆损失而必须要支出的合理施救费用，保险公司会相应地进行赔偿。

（8）指定专修厂。就是平时我们所说的4S店，该项投保后定损时的价格高。

案例：一个捷达大灯在4S店要卖280元，在配件市场卖180元，投保时指定了4S店，则定损时给定280元。否则，会定为180元。

（9）不计免赔。保险公司也不是你损失多少赔多少，如果不投保不计免赔险，出险的损失保险公司只承担80%的责任。举例说就是定损1000元，只赔800元，即还有20%的责任要车主自己承担。

2.4.2 法律法规

机动车交通事故责任强制保险条例，相关条款选摘如下。

第二条 在中华人民共和国境内道路上行驶的机动车的所有人或者管理人，应当依照《中华人民共和国道路交通安全法》的规定投保机动车交通事故责任强制保险。机动车交通事故责任强制保险的投保、赔偿和监督管理，适用本条例。

第三条 本条例所称机动车交通事故责任强制保险，是指由保险公司对被保险机动车发生道路交通事故造成本车人员、被保险人以外的受害人的人身伤亡、财产损失，在责任限额内予以赔偿的强制性责任保险。

第八条 被保险机动车没有发生道路交通安全违法行为和道路交通事故的，保险公司应当在下一年度降低其保险费率。在此后的年度内，被保险机动车仍然没有发生道路交通安全违法行为和道路交通事故的，保险公司应当继续降低其保险费率，直至最低标准。被保险机动车发生道路交通安全违法行为或者道路交通事故的，保险公司应当在下一年度提高其保险费率。多次发生道路交通安全违法行为、道路交通事故，或者发生重大道路交通事故的，保险公司应当加大提高其保险费率的幅度。在道路交通事故中被保险人没有过错的，不提高其保险费率。降低或者提高保险费率的标准，由国务院保险监督管理机构会同国务院公安部门制定。

第十二条 签订机动车交通事故责任强制保险合同时，投保人应当一次支付全部保险费；保险公司应当向投保人签发保险单、保险标志。保险单、保险标志应当注明保险单号码、车牌号码、保险期限、保险公司的名称、地址和理赔电话号码。

被保险人应当在被保险机动车上放置保险标志。

保险标志式样全国统一。保险单、保险标志由国务院保险监督管理机构监制。任何单位或者个人不得伪造、变造或者使用伪造、变造的保险单、保险标志。

第二十一条 被保险机动车发生道路交通事故造成本车人员、被保险人以外的受害人人身伤亡、财产损失的，由保险公司依法在机动车交通事故责任强制保险责任限额范围内予以赔偿。

道路交通事故的损失是由受害人故意造成的，保险公司不予赔偿。

第二十二条 有下列情形之一的，保险公司在机动车交通事故责任强制保险责任限额范围内垫付抢救费用，并有权向致害人追偿：

（1）驾驶人未取得驾驶资格或者醉酒的；

（2）被保险机动车被盗抢期间肇事的；

（3）被保险人故意制造道路交通事故的。

有前款所列情形之一，发生道路交通事故的，造成受害人的财产损失，保险公司不承担赔偿责任。

第三十条 被保险人与保险公司对赔偿有争议的，可以依法申请仲裁或者向人民法院提起诉讼。

第三十九条 上道路行驶的机动车未放置保险标志的，公安机关交通管理部门应当扣留机动车，通知当事人提供保险标志或者补办相应手续，可以处警告或者20元以上200元以下罚款。当事人提供保险标志或者补办相应手续的，应当及时退还机动车。

第四十条 伪造、变造或者使用伪造、变造的保险标志，或者使用其他机动车的保险标志，由公安机关交通管理部门予以收缴，扣留该机动车，处200元以上2000元以下罚款；构成犯罪的，依法追究刑事责任。当事人提供相应的合法证明或者补办相应手续的，应当及时退还机动车。

2.5 机动车强制报废标准规定

第一条 为保障道路交通安全、鼓励技术进步，加快建设资源节约型、环境友好型社会，根据《中华人民共和国道路交通安全法》及其实施条例、《中华人民共和国大气污染防治法》《中华人民共和国噪声污染防治法》，特制定本规定。

第二条 根据机动车使用和安全技术、排放检验状况，国家对达到报废标准的机动车实施强制报废。

第三条 商务、公安、环境保护、发展改革等部门依据各自职责，负责报废机动车回收拆解监督管理、机动车强制报废标准（附件1）执行有关工作。

第四条 已注册机动车有下列情形之一的应当强制报废，其所有人应当将机动车交售给报废机动车回收拆解企业，由报废机动车回收拆解企业按规定进行登记、拆解、销毁等处理，并将报废机动车登记证书、号牌、行驶证交公安机关交通管理部门注销：

（一）达到本规定第五条规定使用年限的；

（二）经修理和调整仍不符合机动车安全技术国家标准对在用车有关要求的；

（三）经修理和调整或者采用控制技术后，向大气排放污染物或者噪声仍不符合国家标准对在用车有关要求的；

（四）在检验有效期届满后连续3个机动车检验周期内未取得机动车检验合格标志的。

第五条 各类机动车使用年限分别如下：

（一）小、微型出租客运汽车使用8年，中型出租客运汽车使用10年，大型出租客运汽车使用12年；

（二）租赁载客汽车使用15年；

（三）小型教练载客汽车使用10年，中型教练载客汽车使用12年，大型教练载客汽车使用15年；

（四）公交客运汽车使用13年；

（五）其他小、微型营运载客汽车使用10年，大、中型营运载客汽车使用15年；

（六）专用校车使用15年；

（七）大、中型非营运载客汽车（大型轿车除外）使用20年；

（八）三轮汽车、装用单缸发动机的低速货车使用9年，装用多缸发动机的低速货车以及微型载货汽车使用12年，危险品运输载货汽车使用10年，其他载货汽车（包括半挂牵引车和全挂牵引车）使用15年；

（九）有载货功能的专项作业车使用15年，无载货功能的专项作业车使用30年；

（十）全挂车、危险品运输半挂车使用10年，集装箱半挂车20年，其他半挂车使用15年；

（十一）正三轮摩托车使用12年，其他摩托车使用13年。

对小、微型出租客运汽车（纯电动汽车除外）和摩托车，省、自治区、直辖市人民政府有关部门可结合本地实际情况，制定严于上述使用年限的规定，但小、微型出租客运汽车不得低于6年，正三轮摩托车不得低于10年，其他摩托车不得低于11年。小、微型非营运载客汽车，大型非营运轿车，轮式专用机械车无使用年限限制。机动车使用年限起始日期按照注册登记日期计算，但自出厂之日起超过2年未办理注册登记手续的，按照出厂日期计算。

第六条 变更使用性质或者转移登记的机动车应当按照下列有关要求确定使用年限和报废：

（一）营运载客汽车与非营运载客汽车相互转换的，按照营运载客汽车的规定报废，但小、微型非营运载客汽车和大型非营运轿车转为营运载客汽车的，应按照本规定所列公式（附件2）核算累计使用年限，且不得超过15年；

（二）不同类型的营运载客汽车相互转换，按照使用年限较严的规定报废；

（三）小、微型出租客运汽车和摩托车需要转出登记所属地省、自治区、直辖市范围的，按照使用年限较严的规定报废；

（四）危险品运输载货汽车、半挂车与其他载货汽车、半挂车相互转换的，按照危险品运输载货车、半挂车的规定报废，距本规定要求使用年限1年以内（含1年）的机动车，不得变更使用性质、转移所有权或者转出登记地所属地市级行政区域。

第七条 国家对达到一定行驶里程的机动车引导报废。

达到下列行驶里程的机动车，其所有人可以将机动车交售给报废机动车回收拆解企业，由报废机动车回收拆解企业按规定进行登记、拆解、销毁等处理，并将报废的机动车登记证书、号牌、行驶证交公安机关交通管理部门注销：

（一）小、微型出租客运汽车行驶60万千米，中型出租客运汽车行驶50万千米，大型出租客运汽车行驶60万千米；

（二）租赁载客汽车行驶60万千米；

（三）小型和中型教练载客汽车行驶50万千米，大型教练载客汽车行驶60万千米；

（四）公交客运汽车行驶40万千米；

（五）其他小、微型营运载客汽车行驶60万千米，中型营运载客汽车行驶50万千米，大型营运载客汽车行驶80万千米；

（六）专用校车行驶40万千米；

（七）小、微型非营运载客汽车和大型非营运轿车行驶60万千米，中型非营运载客汽车行驶50万千米，大型非营运载客汽车行驶60万千米；

（八）微型载货汽车行驶50万千米，中、轻型载货汽车行驶60万千米，重型载货汽车（包括半挂牵引车和全挂牵引车）行驶70万千米，危险品运输载货汽车行驶40万千米，装用多缸发动机的低速货车行驶30万千米；

（九）专项作业车、轮式专用机械车行驶50万千米；

（十）正三轮摩托车行驶10万千米，其他摩托车行驶12万千米。

第八条 本规定所称机动车是指上道路行驶的汽车、挂车、摩托车和轮式专用机械车；非营运载客汽车是指个人或者单位不以获取利润为目的的自用载客汽车；危险品运输载货汽车是指专门用于运输剧毒化学品、爆炸品、放射性物品、腐蚀性物品等危险品的车辆；变更使用性质是指使用性质由营运转为非营运或者由非营运转为营运，小、微型出租、租赁、教练等不同类型的营运载客汽车之间的相互转换，以及危险品运输载货汽车转为其他载货汽车。本规定所称检验周期是指《中华人民共和国道路交通安全法实施条例》规定的机动车安全技术检验周期。

第九条 省、自治区、直辖市人民政府有关部门依据本规定第五条制定的小、微型出租客运汽车或者摩托车使用年限标准，应当及时向社会公布，并报国务院商务、公安、环境保护等部门备案（附件3）。

第十条 上道路行驶的拖拉机的报废标准另行制定。

附件1

机动车强制报废标准规定及代号

准驾车型	代号	准驾车辆	准驾的其他车辆	每年提交身体条件证明	考试车辆的要求
大型客车	A1	大型载客汽车	A3、B1、B2、C1、C2、C3、C4、M	需要	车长不小于9米的大型普通载客汽车
牵引车	A2	重、中型全挂、半挂汽车列车	B1、B2、C1、C2、C3、C4、M	需要	车长不小于12米的半挂汽车列车
城市公交车	A3	核载10人以上的城市公共汽车	C1、C2、C3、C4	需要	车长不小于9米的大型普通载客汽车
中型客车	B1	中型载客汽车（含核载10人以上、19人以下的城市公共汽车）	C1、C2、C3、C4、M	需要	车长不小于5.8米的中型普通载客汽车
大型货车	B2	重、中型载货汽车；大、重、中型专项作业车	C1、C2、C3、C4、M	需要	车长不小于9米，轴距不小于5米的重型普通载货汽车
小型汽车	C1	小、微型载客汽车；轻、微型载货汽车；轻、小、微型专项作业车	C2、C3、C4	70周岁以下不需要	车长不小于5米的轻型普通载货汽车，或者车长不小于4米的小型普通载客汽车，或者车长不小于4米的轿车
小型自动挡汽车	C2	小型自动挡汽车		70周岁以下不需要	车长不小于5米的轻型自动挡普通载货汽车，或者车长不小于4米的小型自动挡普通载客汽车，或者车长不小于4米的自动挡轿车
低速载货汽车	C3	低速载货汽车(原四轮农用运输车）	C4	70周岁以下不需要	由省级公安机关交通管理部门负责制定

续表

准驾车型	代号	准驾车辆	准驾的其他车辆	每年提交身体条件证明	考试车辆的要求
三轮汽车	C4	三轮汽车（原三轮农用运输车）		70周岁以下不需要	由省级公安机关交通管理部门负责制定
普通三轮摩托车	D	发动机排量大于50毫升或者最大设计车速大于50千米/小时的三轮摩托车	E、F	70周岁以下不需要	至少有四个速度挡位的普通正三轮摩托车或者普通侧三轮摩托车
普通两轮摩托车	E	发动机排量大于50毫升或者最大设计车速大于50千米/小时的两轮摩托车	F	70周岁以下不需要	至少有四个速度挡位的普通两轮摩托车
轻便摩托车	F	发动机排量小于等于50毫升，最大设计车速小于等于50千米/小时的摩托车		70周岁以下不需要	由省级公安机关交通管理部门负责制定
轮式自行机械车	M	轮式自行机械车		70周岁以下不需要	由省级公安机关交通管理部门负责制定
无轨电车	N	无轨电车		需要	由省级公安机关交通管理部门负责制定
有轨电车	P	有轨电车		需要	由省级公安机关交通管理部门负责制定

附件2

非营运小微型载客汽车和大型轿车变更使用性质后累计使用年限计算公式。

$$\text{累计使用年限}=\text{原状态已使用年}+\left(1-\frac{\text{原状态已使用年}}{\text{原状态使用年限}}\right)\times\text{状态改变后年限}$$

注：公式中原状态已使用年中不足1年的按1年计算，例如，已使用2.5年按照3年计算；原状态使用年限数值取定值为17；累计使用年限计算结果向下圆整为整数，且不超过15年。

附件3

机动车使用年限及行驶里程参考值汇总表

车辆类型与用途					使用年限/年	行驶里程参考值/万千米
汽车	载客	营运	出租客运	小、微型	8	60
				中型	10	50
				大型	12	60
			租赁		15	60
			教练	小型	10	50
				中型	12	50
				大型	15	60
			公交客运		13	40
			其他	小、微型	10	60
				中型	15	50
				大型	15	80
		专用校车			15	40
		非营运	小、微型客车，大型轿车		无	60
			中型客车		20	50
			大型客车		20	60
	载货	微型			12	50
		中、轻型			15	60
		重型			15	70
		危险品运输			10	40
		三轮汽车、装用单缸发动机的低速货车			9	无
		装用多缸发动机的低速货车			12	30
	专项作业	有载货功能			15	50
		无载货功能			30	50
挂车	半挂车	集装箱			20	无
		危险品运输			10	无
		其他			15	无
	全挂车				10	无
摩托车	正三轮				12	10
	其他				13	12
轮式专用机械车					无	50

2.6 其他规定

驾驶机动车上道路行驶，应当悬挂机动车号牌，放置检验合格标志、保险标志，并随车携带机动车行驶证。机动车号牌应当按照规定悬挂并保持清晰、完整，不得故意遮挡、污损。

任何单位和个人不得收验、扣留机动车号牌。

机动车号牌应当悬挂在车前、车后指定位置，保持清晰、完整。重、中型载货汽车及其挂车、拖拉机及其挂车的车身或者车厢后部应当喷涂放大的牌号，字样应当端正并保持清晰。

机动车检验合格标志、保险标志应当粘贴在机动车前窗右上角。机动车喷涂、粘贴标识或者车身广告的，不得影响安全驾驶。

第3章
机动车驾驶人

3.1 驾驶资格证的取得

申请机动车驾驶证的人员，应当符合下列规定。

（1）年龄条件。

❶ 申请小型手动挡汽车、小型自动挡汽车、残疾人专用小型自动挡载客汽车、轻便摩托车准驾车型的，在18周岁以上；

❷ 申请低速载货汽车、三轮汽车、普通三轮摩托车、普通两轮摩托车或者轮式专用机械车准驾车型的，在18周岁以上，60周岁以下；

❸ 申请城市公交车、中型客车、大型货车、轻型牵引挂车、无轨电车或者有轨电车准驾车型的，在20周岁以上，60周岁以下；

❹ 申请大型客车、重型牵引挂车准驾车型的，在22周岁以上，60周岁以下；

❺ 接受全日制驾驶职业教育的学生，申请大型客车、重型牵引挂车准驾车型的，在19周岁以上，60周岁以下。

（2）身体条件。

❶ 身高：申请大型客车、重型牵引挂车、城市公交车、大型货车、无轨电车准驾车型的，身高在155厘米以上。申请中型客车准驾车型的，身高在150厘米以上。

❷ 视力：申请大型客车、重型牵引挂车、城市公交车、中型客车、大型货车、无轨电车或者有轨电车准驾车型的，两眼裸视力或者矫正视力达到对数视力表5.0以上。申请其他准驾车型的，两眼裸视力或者矫正视力达到对数视力表4.9以上。单眼视力障碍，优眼裸视力或者矫正视力达到对数视力表5.0以上，且水平视野达到150度的，可以申请小型汽车、小型自动挡汽车、低速载货汽车、三轮汽车、残疾人专用小型自动挡载客汽车准驾车型的机动车驾驶证。

❸ 辨色力：无红绿色盲。

❹ 听力：两耳分别距音叉50厘米能辨别声源方向。有听力障碍但佩戴助听设备能够达到以上条件的，可以申请小型汽车、小型自动挡汽车准驾车型的机动车驾驶证。

❺ 上肢：双手拇指健全，每只手其他手指必须有三指健全，肢体和手指运动功能正常。但手指末节残缺或者左手有三指健全，且双手手掌完整的，可以申请小型汽车、小型自动挡汽车、低速载货汽车、三轮汽车准驾车型的机动车驾驶证。

⑥ 下肢：双下肢健全且运动功能正常，不等长度不得大于5厘米。但左下肢缺失或者丧失运动功能的，可以申请小型自动挡汽车准驾车型的机动车驾驶证。

⑦ 躯干、颈部：无运动功能障碍。

⑧ 右下肢、双下肢缺失或者丧失运动功能但能够自主坐立，且上肢符合本项第⑤条规定的，可以申请残疾人专用小型自动挡载客汽车准驾车型的机动车驾驶证。一只手手掌缺失，另一只手拇指健全，其他手指有两指健全，上肢和手指运动功能正常，且下肢符合本项第⑥条规定的，可以申请残疾人专用小型自动挡载客汽车准驾车型的机动车驾驶证。

⑨ 年龄在70周岁以上能够通过记忆力、判断力、反应力等能力测试的，可以申请小型汽车、小型自动挡汽车、残疾人专用小型自动挡载客汽车、轻便摩托车准驾车型的机动车驾驶证。

（3）有下列情形之一的，不得申请机动车驾驶证：

❶ 有器质性心脏病、癫痫病、美尼尔氏症、眩晕症、癔症、震颤麻痹、精神病、痴呆以及影响肢体活动的神经系统疾病等妨碍安全驾驶疾病的；

❷ 三年内有吸食、注射毒品行为或者解除强制隔离戒毒措施未满三年，或者长期服用依赖性精神药品成瘾尚未戒除的；

❸ 造成交通事故后逃逸构成犯罪的；

❹ 饮酒后或者醉酒驾驶机动车发生重大交通事故构成犯罪的；

❺ 醉酒驾驶机动车或者饮酒后驾驶营运机动车依法被吊销机动车驾驶证未满五年的；

❻ 醉酒驾驶营运机动车依法被吊销机动车驾驶证未满十年的；

❼ 驾驶机动车追逐竞驶、超员、超速、违反危险化学品安全管理规定运输危险化学品构成犯罪依法被吊销机动车驾驶证未满五年的；

❽ 因本款第❹项以外的其他违反交通管理法律法规的行为发生重大交通事故构成犯罪依法被吊销机动车驾驶证未满十年的；

❾ 因其他情形依法被吊销机动车驾驶证未满两年的；

❿ 驾驶许可依法被撤销未满三年的；

⓫ 未取得机动车驾驶证驾驶机动车，发生负同等以上责任交通事故造成人员重伤或者死亡未满十年的；

⓬ 三年内有代替他人参加机动车驾驶人考试行为的；

⓭ 法律、行政法规规定的其他情形。

未取得机动车驾驶证驾驶机动车，有上述❺ ~ ❼项行为之一的，在规定期限内不得申请机动车驾驶证。

初次申领机动车驾驶证的，可以申请准驾车型为城市公交车、大型货车、小型汽车、小型自动挡汽车、低速载货汽车、三轮汽车、残疾人专用小型自动挡载客汽车、普通三轮摩托车、普通两轮摩托车、轻便摩托车、轮式专用机械车、无轨电车、有轨电车的机动车驾驶证。

（4）增驾。已持有机动车驾驶证，申请增加准驾车型的，应当在本记分周期和申请前最近一个记分周期内没有记满12分记录。申请增加轻型牵引挂车、中型客车、大型客车准驾车型的，还应当符合下列规定：

❶ 申请增加轻型牵引挂车准驾车型的，已取得驾驶小型汽车、小型自动挡汽车准驾车型资格一年以上；

❷ 申请增加中型客车准驾车型的，已取得驾驶城市公交车、大型货车、小型汽车、小型自动挡汽车、低速载货汽车或者三轮汽车准驾车型资格三年以上，并在申请前最近连续三个记分周期内没有记满12分记录；

❸ 申请增加重型牵引挂车准驾车型的，已取得驾驶中型客车或者大型货车准驾车型资格两年以上，或者取得驾驶大型客车准驾车型资格一年以上，并在申请前最近连续两个记分周期内没有记满12分记录；

❹ 申请增加大型客车准驾车型的，已取得驾驶城市公交车、中型客车或者大型货车准驾车型资格三年以上，或者取得驾驶牵引车准驾车型资格两年以上，并在申请前最近连续三个记分周期内没有记满12分记录。

正在接受全日制驾驶职业教育的学生，已在校取得驾驶小型汽车准驾车型资格，并在本记分周期和申请前最近一个记分周期内没有记满12分记录的，可以申请增加大型客车、重型牵引挂车准驾车型。

有下列情形之一的，不得申请大型客车、重型牵引挂车、城市公交车、中型客车、大型货车准驾车型：

❶ 发生交通事故造成人员死亡，承担同等以上责任的；

❷ 醉酒后驾驶机动车的；

❸ 再次饮酒后驾驶机动车的；

❹ 有吸食、注射毒品后驾驶机动车行为的，或者有执行社区戒毒、强制隔离戒毒、社区康复措施记录的；

❺ 驾驶机动车追逐竞驶、超员、超速、违反危险化学品安全管理规定运输危险化学品构成犯罪的；

❻ 被吊销或者撤销机动车驾驶证未满十年的；

❼ 未取得机动车驾驶证驾驶机动车，发生负同等以上责任交通事故造成人员重伤或者死亡的。

（5）其他类型驾驶证办证注意事项。持有军队、武装警察部队机动车驾驶证，或者持有境外机动车驾驶证，符合本规定的申请条件，可以申请相应准驾车型的机动车驾驶证。按照下列规定向车辆管理所提出申请：

❶ 在户籍所在地居住的，应当在户籍所在地提出申请；

❷ 在户籍所在地以外居住的，可以在居住地提出申请；

❸ 现役军人（含武警），应当在居住地提出申请；

❹ 境外人员，应当在居留地或者居住地提出申请；

❺ 申请增加准驾车型的，应当在所持机动车驾驶证核发地提出申请；

❻ 接受全日制驾驶职业教育，申请增加大型客车、牵引车准驾车型的，应当在接受教育地提出申请。

（6）申请机动车驾驶证应当提供的资料。初次申请机动车驾驶证，应当填写申请表，并提交以下证明：

❶ 申请人的身份证明；

❷ 医疗机构出具的有关身体条件的证明。

申请增加准驾车型的，应当填写申请表，提交相关证明和所持机动车驾驶证。属于接受全日制驾驶职业教育，申请增加大型客车、牵引车准驾车型的，还应当提交学校出具的学籍证明。

持军队、武装警察部队机动车驾驶证的人申请机动车驾驶证，应当填写申请表，并提交以下证明、凭证：

❶ 申请人的身份证明，属于复员、转业、退伍的人员，还应当提交军队、武装警察部队核发的复员、转业、退伍证明；

❷ 医疗机构出具的有关身体条件的证明；

❸ 军队、武装警察部队机动车驾驶证。

持境外机动车驾驶证的人申请机动车驾驶证，应当填写申请表，并提交以下证明、凭证：

❶ 申请人的身份证明；

❷ 医疗机构出具的有关身体条件的证明；

❸ 所持机动车驾驶证，属于非中文表述的，还应当出具中文翻译文本，属于外国驻华使馆、领馆人员及国际组织驻华代表机构人员申请的，按照外交对等原则执行。

（7）考试。

❶ 考试内容和合格标准。机动车驾驶人考试内容分为道路交通安全法律、法规和相关知识考试科目（简称“科目一”）、场地驾驶技能考试科目（简称“科目二”）、道路驾驶技能和安全文明驾驶常识考试科目（简称“科目三”）。

考试内容和合格标准全国统一，根据不同准驾车型规定相应的考试项目。

科目一考试内容包括：道路通行、交通信号、交通安全违法行为和交通事故处理、机动车驾驶证申领和使用、机动车登记等规定以及其他道路交通安全法律、法规和规章。

科目二考试内容包括：

a. 大型客车、重型牵引挂车、城市公交车、中型客车、大型货车考试桩考、坡道定点停车和起步、侧方停车、通过单边桥、曲线行驶、直角转弯、通过限宽门、通过连续障碍、起伏路行驶、窄路掉头，以及模拟高速公路、连续急弯山区路、隧道、雨（雾）天、湿滑路、紧急情况处置；

b.小型汽车、低速载货汽车考试倒车入库、坡道定点停车和起步、侧方停车、曲线行驶、直角转弯；

c.小型自动挡汽车、残疾人专用小型自动挡载客汽车考试倒车入库、侧方停车、曲线行驶、直角转弯；

d.轻型牵引挂车考试桩考、曲线行驶、直角转弯；

e.三轮汽车、普通三轮摩托车、普通两轮摩托车和轻便摩托车考试桩考、坡道定点停车和起步、通过单边桥；

f.轮式自行机械车、无轨电车、有轨电车的考试内容由省级公安机关交通管理部门确定。

对第一款第一项、第二项规定的准驾车型，省级公安机关交通管理部门可以根据实际增加考试内容。

科目三道路驾驶技能考试内容如下。

大型客车、重型牵引挂车、城市公交车、中型客车、大型货车、小型汽车、小型自动挡汽车、低速载货汽车和残疾人专用小型自动挡载客汽车考试上车准备、起步、直线行驶、加减挡位操作、变更车道、靠边停车、直行通过路口、路口左转弯、路口右转弯、通过人行横道线、通过学校区域、通过公共汽车站、会车、超车、掉头、夜间行驶；其他准驾车型的考试内容，由省级公安机关交通管理部门确定。

大型客车、重型牵引挂车、城市公交车、中型客车、大型货车考试里程不少于10公里，其中初次申领城市公交车、大型货车准驾车型的，白天考试里程不少于5公里，夜间考试里程不少于3公里。小型汽车、小型自动挡汽车、低速载货汽车、残疾人专用小型自动挡载客汽车考试里程不少于3公里。不进行夜间考试的，应当进行模拟夜间灯光考试。

对大型客车、重型牵引挂车、城市公交车、中型客车、大型货车，省级公安机关交通管理部门应当根据实际增加山区、隧道、陡坡等复杂道路驾驶考试内容。对其他汽车准驾车型，省级公安机关交通管理部门可以根据实际增加考试内容。

科目三安全文明驾驶常识考试内容如下。

安全文明驾驶操作要求、恶劣气象和复杂道路条件下的安全驾驶知识、爆胎等紧急情况下的临危处置方法以及发生交通事故后的处置知识等。

持军队、武装警察部队机动车驾驶证的人申请大型客车、重型牵引挂车、城市公交车、中型客车、大型货车准驾车型机动车驾驶证的，应当考试科目一和科目三；申请其他准驾车型机动车驾驶证的，免于考试核发机动车驾驶证。

持境外机动车驾驶证申请机动车驾驶证的，应当考试科目一。申请准驾车型为大型客车、重型牵引挂车、城市公交车、中型客车、大型货车机动车驾驶证的，应当考试科目一、科目二和科目三。

属于外国驻华使馆、领馆人员及国际组织驻华代表机构人员申请的，应当按照外交对等原则执行。

各科目考试的合格标准为：

a.科目一考试满分为100分，成绩达到90分的为合格；

b.科目二考试满分为100分，考试大型客车、重型牵引挂车、城市公交车、中型客车、大型货车、轻型牵引挂车准驾车型的，成绩达到90分的为合格，其他准驾车型的成绩达到80分的为合格；

c.科目三道路驾驶技能和安全文明驾驶常识考试满分分别为100分，成绩分别达到90分的为合格。

❷ 考试要求。车辆管理所应当按照预约的考场和时间安排考试。申请人科目一考试合格后，可以预约科目二或者科目三道路驾驶技能考试。有条件的地方，申请人可以同时预约科目二、科目三道路驾驶技能考试，预约成功后可以连续进行考试。科目二、科目三道路驾驶技能考试均合格后，申请人可以当日参加科目三安全文明驾驶常识考试。

申请人预约科目二、科目三道路驾驶技能考试，车辆管理所在六十日内不能安排考试的，可以选择省（自治区、直辖市）内其他考场预约考试。

车辆管理所应当使用全国统一的考试预约系统，采用互联网、电话、服务窗口等方式供申请人预约考试。

初次申请机动车驾驶证或者申请增加准驾车型的，科目一考试合格后，车辆管理所应当在一日内核发学习驾驶证明。属于自学直考的，车辆管理所还应当按规定发放学车专用标识。

申请人在场地和道路上学习驾驶，应当按规定取得学习驾驶证明。学习驾驶证明的有效期为三年，申请人应当在有效期内完成科目二和科目三考试。未在有效期内完成考试的，已考试合格的科目成绩作废。

学习驾驶证明可以采用纸质或者电子形式，纸质学习驾驶证明和电子学习驾驶证明具有同等效力。申请人可以通过互联网交通安全综合服务管理平台打印或者下载学习驾驶证明。

申请人在道路上学习驾驶，应当随身携带学习驾驶证明，使用教练车或者学车专用标识签注的自学用车，在教练员或者学车专用标识签注的指导人员随车指导下，按照公安机关交通管理部门指定的路线、时间进行。

申请人为自学直考人员的，在道路上学习驾驶时，应当在自学用车上按规定放置、粘贴学车专用标识，自学用车不得搭载随车指导人员以外的其他人员。

初次申请机动车驾驶证或者申请增加准驾车型的，申请人预约考试科目二，应当符合下列规定：

a.报考小型手动挡汽车、小型自动挡汽车、低速载货汽车、三轮汽车、残疾人专用小型自动挡载客汽车、轮式专用机械车、无轨电车、有轨电车准驾车型的，在取得学习驾驶证明满十日后预约考试；

b.报考大型客车、重型牵引挂车、城市公交车、中型客车、大型货车、轻型牵引挂车准驾车型的，在取得学习驾驶证明满二十日后预约考试。

初次申请机动车驾驶证或者申请增加准驾车型的，申请人预约考试科目三，应当符合下列规定：

a.报考小型自动挡汽车、残疾人专用小型自动挡载客汽车、低速载货汽车、三轮汽车准驾车型的，在取得学习驾驶证明满二十日后预约考试；

b.报考小型汽车、轮式专用机械车、无轨电车、有轨电车准驾车型的，在取得学习驾驶证明满三十日后预约考试；

c.报考大型客车、重型牵引挂车、城市公交车、中型客车、大型货车准驾车型的，在取得学习驾驶证明满四十日后预约考试。

持军队、武装警察部队或者境外机动车驾驶证申请机动车驾驶证的，应当自车辆管理所受理之日起三年内完成科目考试。

申请人因故不能按照预约时间参加考试的，应当提前一日申请取消预约。对申请人未按照预约考试时间参加考试的，判定该次考试不合格。

每个科目考试一次，考试不合格的，可以补考一次。不参加补考或者补考仍不合格的，本次考试终止，申请人应当重新预约考试，但科目二、科目三考试应当在十日后预约。科目三安全文明驾驶常识考试不合格的，已通过的道路驾驶技能考试成绩有效。

在学习驾驶证明有效期内，科目二和科目三道路驾驶技能考试预约考试的次数不得超过五次。第五次预约考试仍不合格的，已考试合格的其他科目成绩作废。

车辆管理所组织考试前应当使用全国统一的计算机系统当日随机选配考试员，随机安排考生分组，随机选取考试路线。

从事考试工作的人员，应当持有省级公安机关交通管理部门颁发的资格证书。公安机关交通管理部门应当在车辆管理所公安民警中选拔足够数量的专职考试员，可以在公安机关交通管理部门的公安民警、文职人员中配置兼职考试员。可以聘用运输企业驾驶人、警风警纪监督员等人员承担考试辅助评判和监督职责。

考试员应当认真履行考试职责，严格按照规定考试，接受社会监督。在考试前应当自我介绍，讲解考试要求，核实申请人身份；考试中应当严格执行考试程序，按照考试项目和考试标准评定考试成绩；考试后应当当场公布考试成绩，讲评考试不合格原因。

每个科目的考试成绩单都应当有申请人和考试员的签名。未签名的不得核发机动车驾驶证。

考试员、考试辅助和监管人员及考场工作人员应当严格遵守考试工作纪律，不得为不符合机动车驾驶许可条件、未经考试、考试不合格人员签注合格考试成绩，不得减少考试项目、降低评判标准或者参与、协助、纵容考试作弊，不得参与或者变相参与驾驶培训机构经营活动，不得收取驾驶培训机构、教练员、申请人的财物。

直辖市、设区的市或者相当于同级的公安机关交通管理部门应当根据本地考试需求建设考场，配备足够数量的考试车辆。对考场布局、数量不能满足本地考试需求的，应当采取政府购买服务等方式使用社会考场，并按照公平竞争、择优选定的原则，依法通过公开招标等程序确定。

考试场地建设、路段设置、车辆配备、设施设备配置以及考试项目、评判要求应当符合相关标准。考试场地、考试设备和考试系统应当经省级公安机关交通管理部门验收合格后方可使用。公安机关交通管理部门应当加强对辖区考场的监督管理，定期开展考试场地、考试车辆、考试设备和考场管理情况的监督检查。

3.2 监督管理与处罚规定

3.2.1 考试监督管理

车辆管理所应当对考试过程进行全程录音、录像。严肃考试纪律，规范考场秩序，对考场秩序混乱的，应当中止考试。

车辆管理所应当根据考试场地、考试设备、考试车辆、考试员数量等实际情况，核定每个考场、每个考试员每日最大考试量。

车辆管理所应当每周通过计算机系统对机动车驾驶人考试和机动车驾驶证业务办理情况进行监控、分析。省级公安机关交通管理部门应当建立全省（自治区、直辖市）机动车驾驶人考试监管系统，每月对机动车驾驶人考试、机动车驾驶证业务办理情况进行监控、分析，及时查处、通报发现的问题。

车辆管理所存在为未经考试或者考试不合格人员核发机动车驾驶证等严重违规办理机动车驾驶证业务情形的，上级公安机关交通管理部门可以暂停该车辆管理所办理相关业务或者指派其他车辆管理所人员接管业务。

车辆管理所应当对驾驶培训机构教练员、教练车、训练场地等情况进行备案，并确定受理考试人数，向社会公布。

直辖市、设区的市或者相当于同级的公安机关交通管理部门应当每月向社会公布车辆管理所考试员考试质量情况、三年内驾龄驾驶人交通违法率和交通肇事率等信息。

直辖市、设区的市或者相当于同级的公安机关交通管理部门应当每月向社会公布辖区内驾驶培训机构的考试合格率、三年内驾龄驾驶人交通违法率和交通肇事率等信息，按照考试合格率对驾驶培训机构培训质量公开排名，并通报培训主管部门。

对三年内驾龄驾驶人发生一次死亡3人以上交通事故且负主要以上责任的，省级公安机关交通管理部门应当倒查车辆管理所考试、发证情况，向社会公布倒查结果。对三年内驾龄驾驶人发生一次死亡1 ~ 2人的交通事故且负主要以上责任的，直辖市、设区的市或者相当于同级的公安机关交通管理部门应当组织责任倒查。

直辖市、设区的市或者相当于同级的公安机关交通管理部门发现驾驶培训机构及其教练员存在缩短培训学时、减少培训项目以及贿赂考试员、以承诺考试合格等名义向学员索取财物、参与违规办理驾驶证或者考试舞弊行为的，应当通报培训主管部门，并向社会公布。

3.2.2 记分

道路交通安全违法行为累积记分周期（即记分周期）为12个月，满分为12分，从机动车驾驶证初次领取之日起计算。

依据道路交通安全违法行为的严重程度，一次记分的分值为：12分、9分、6分、3分、1分五种。

对机动车驾驶人的道路交通安全违法行为，处罚与记分同时执行。

机动车驾驶人一次有两个以上违法行为记分的，应当分别计算，累加分值。

机动车驾驶人对道路交通安全违法行为处罚不服，申请行政复议或者提起行政诉讼后，经依法裁决变更或者撤销原处罚决定的，相应记分分值予以变更或者撤销。

机动车驾驶人在一个记分周期内累积记分达到12分的，公安机关交通管理部门应当扣留其机动车驾驶证。

机动车驾驶人应当在十五日内到机动车驾驶证核发地或者违法行为地公安机关交通管理部门参加为期七日的道路交通安全法律、法规和相关知识学习。机动车驾驶人参加学习后，车辆管理所应当在二十日内对其进行道路交通安全法律、法规和相关知识考试。考试合格的，记分予以清除，发还机动车驾驶证；考试不合格的，继续参加学习和考试。拒不参加学习，也不接受考试的，由公安机关交通管理部门公告其机动车驾驶证停止使用。

机动车驾驶人在一个记分周期内有两次以上达到12分或者累积记分达到24分以上的，车辆管理所还应当在道路交通安全法律、法规和相关知识考试合格后十日内对其进行道路驾驶技能考试。接受道路驾驶技能考试的，按照本人机动车驾驶证载明的最高准驾车型考试。

机动车驾驶人在一个记分周期内记分未达到12分，所处罚款已经缴纳的，记分予以清除；记分虽未达到12分，但尚有罚款未缴纳的，记分转入下一记分周期。

3.2.3 审验

机动车驾驶人应当按照法律、行政法规的规定，定期到公安机关交通管理部门接受审验。

机动车驾驶人换领机动车驾驶证时，应当接受公安机关交通管理部门的审验。

持有大型客车、重型牵引挂车、城市公交车、中型客车、大型货车驾驶证的驾驶人，应当在每个记分周期结束后三十日内到公安机关交通管理部门接受审验。但在一个记分周期内没有记分记录的，免于本记分周期审验。

持有本条第三款规定以外准驾车型驾驶证的驾驶人，发生交通事故造成人员死亡承担同等以上责任未被吊销机动车驾驶证的，应当在本记分周期结束后三十日内到公安机关交通管理部门接受审验。

机动车驾驶人可以在机动车驾驶证核发地或者核发地以外的地方参加审验、提交身体条件证明。

机动车驾驶证审验内容包括：

（1）道路交通安全违法行为、交通事故处理情况；

（2）身体条件情况；

（3）道路交通安全违法行为记分及记满12分后参加学习和考试情况。

持有大型客车、重型牵引挂车、城市公交车、中型客车、大型货车驾驶证一个记分周期内有记分的，以及持有其他准驾车型驾驶证发生交通事故造成人员死亡承担同等以上责任未被吊销机动车驾驶证的驾驶人，审验时应当参加不少于三小时的道路交通安全法律法规、交通安全文明驾驶、应急处置等知识学习，并接受交通事故案例警示教育。

对交通违法行为或者交通事故未处理完毕的、身体条件不符合驾驶许可条件的、未按照规定参加学习、教育和考试的，不予通过审验。

年龄在70周岁以上的机动车驾驶人审验时还应当按照规定进行记忆力、判断力、反应力等能力测试。

持有残疾人专用小型自动挡载客汽车驾驶证的机动车驾驶人，应当每三年进行一次身体检查，在记分周期结束后三十日内，提交医疗机构出具的有关身体条件的证明。

机动车驾驶人参加审验时，应当申报身体条件情况。

机动车驾驶人因服兵役、出国（境）等原因，无法在规定时间内办理驾驶证期满换证、审验、提交身体条件证明的，可以向机动车驾驶证核发地车辆管理所申请延期办理。申请时应当填写申请表，并提交机动车驾驶人的身份证明、机动车驾驶证和延期事由证明。

延期期限最长不超过三年。延期期间机动车驾驶人不得驾驶机动车。

机动车驾驶人初次申请机动车驾驶证和增加准驾车型后的12个月为实习期。

新取得大型客车、重型牵引挂车、城市公交车、中型客车、大型货车驾驶证的，实习期结束后三十日内应当参加道路交通安全法律法规、交通安全文明驾驶、应急处置等知识考试，并接受不少于半小时的交通事故案例警示教育。

在实习期内驾驶机动车的，应当在车身后部粘贴或者悬挂统一式样的实习标志。

机动车驾驶人在实习期内不得驾驶公共汽车、营运客车或者执行任务的警车、消防车、救护车、工程救险车以及载有爆炸物品、易燃易爆化学物品、剧毒或者放射性等危险物品的机动车；驾驶的机动车不得牵引挂车。

驾驶人在实习期内驾驶机动车上高速公路行驶，应当由持相应或者更高准驾车型驾驶证三年以上的驾驶人陪同。其中，驾驶残疾人专用小型自动挡载客汽车的，可以由持有小型自动挡载客汽车以上准驾车型驾驶证的驾驶人陪同。

在增加准驾车型后的实习期内，驾驶原准驾车型的机动车时不受上述限制。

持有准驾车型为残疾人专用小型自动挡载客汽车的机动车驾驶人驾驶机动车时，应当按规定在车身设置残疾人机动车专用标志。

有听力障碍的机动车驾驶人驾驶机动车时，应当佩戴助听设备。

有视力矫正的机动车驾驶人驾驶机动车时，应当佩戴眼镜。

3.2.4 注销

机动车驾驶人具有下列情形之一的，车辆管理所应当注销其机动车驾驶证：

（1）死亡的；

（2）提出注销申请的；

（3）丧失民事行为能力，监护人提出注销申请的；

（4）身体条件不适合驾驶机动车的；

（5）有器质性心脏病、癫痫病、美尼尔氏症、眩晕症、癔病、震颤麻痹、精神病、痴呆以及影响肢体活动的神经系统疾病等妨碍安全驾驶疾病的；

（6）被查获有吸食、注射毒品后驾驶机动车行为，正在执行社区戒毒、强制隔离戒毒、社区康复措施，或者长期服用依赖性精神药品成瘾尚未戒除的；

（7）超过机动车驾驶证有效期一年以上未换证的；

（8）年龄在70周岁以上，在一个记分周期结束后一年内未提交身体条件证明的；或者持有残疾人专用小型自动挡载客汽车准驾车型，在三个记分周期结束后一年内未提交身体条件证明的；

（9）年龄在60周岁以上，所持机动车驾驶证只具有轮式专用机械车、无轨电车或者有轨电车准驾车型，或者年龄在70周岁以上，所持机动车驾驶证只具有低速载货汽车、三轮汽车准驾车型的；

（10）机动车驾驶证依法被吊销或者驾驶许可依法被撤销的。

有第（2）~（10）项情形之一，未收回机动车驾驶证的，应当公告机动车驾驶证作废。

有第（7）项情形被注销机动车驾驶证未超过两年的，机动车驾驶人参加道路交通安全法律、法规和相关知识考试合格后，可以恢复驾驶资格。

有第（8）项情形被注销机动车驾驶证，机动车驾驶证在有效期内或者超过有效期不满一年的，机动车驾驶人提交身体条件证明后，可以恢复驾驶资格。

3.2.5 降级

持有大型客车、重型牵引挂车、城市公交车、中型客车、大型货车驾驶证的驾驶人有下列情形之一的，车辆管理所应当注销其最高准驾车型驾驶资格，并通知机动车驾驶人在三十日内办理降级换证业务：

（1）发生交通事故造成人员死亡，承担同等以上责任，未构成犯罪的；

（2）在一个记分周期内有记满12分记录的；

（3）连续三个记分周期不参加审验的。

机动车驾驶人在规定时间内未办理降级换证业务的，车辆管理所应当公告注销的准驾车型驾驶资格作废。

机动车驾驶人办理降级换证业务后，申请增加被注销的准驾车型的，应当在本记分周期和申请前最近一个记分周期没有记满12分记录，且没有发生造成人员死亡承担同等以上责任的交通事故。

机动车驾驶人在实习期内发生道路交通安全违法行为被记满12分的，注销其实习的准驾车型驾驶资格。被注销的驾驶资格不属于最高准驾车型的，还应当按照第七十八条第一款规定，注销其最高准驾车型驾驶资格。

持有大型客车、重型牵引挂车、城市公交车、中型客车、大型货车驾驶证的驾驶人在一年实习期内记6分以上但未达到12分的，实习期限延长一年。在延长的实习期内再次记6分以上但未达到12分的，注销其实习的准驾车型驾驶资格。

3.2.6 机动车驾驶人联系信息发生变化后的备案

机动车驾驶人联系电话、联系地址等信息发生变化，以及持有大型客车、重型牵引挂车、城市公交车、中型客车、大型货车驾驶证的驾驶人从业单位等信息发生变化的，应当在信息变更后三十日内，向驾驶证核发地车辆管理所备案。

3.2.7 对营运驾驶人的管理

道路运输企业应当定期将聘用的机动车驾驶人向所在地公安机关交通管理部门备案，督促及时处理道路交通安全违法行为、交通事故和参加机动车驾驶证审验。

公安机关交通管理部门应当每月向辖区内交通运输主管部门、运输企业通报机动车驾驶人的道路交通违法行为、记分和交通事故等情况。

3.3 换证与补证规定

申请人考试合格后，应当接受不少于半小时的交通安全文明驾驶常识和交通事故案例警示教育，并参加领证宣誓仪式。

属于申请增加准驾车型的，应当收回原机动车驾驶证。属于复员、转业、退伍的，应当收回军队、武装警察部队机动车驾驶证。

机动车驾驶人在机动车驾驶证的六年有效期内，每个记分周期均未记满12分的，换发十年有效期的机动车驾驶证；在机动车驾驶证的十年有效期内，每个记分周期均未记满12分的，换发长期有效的机动车驾驶证。

机动车驾驶人应当于机动车驾驶证有效期满前九十日内，向机动车驾驶证核发地或者核发地以外的车辆管理所申请换证。申请时应当填写申请表，并提交以下证明、凭证：

（1）机动车驾驶人的身份证明；

（2）医疗机构出具的有关身体条件的证明。属于申请残疾人专用小型自动挡载客汽车的，应当提交经省级卫生主管部门指定的专门医疗机构出具的有关身体条件的证明。

机动车驾驶人户籍迁出原车辆管理所管辖区的，应当向迁入地车辆管理所申请换证。机动车驾驶人在核发地车辆管理所管辖区以外居住的，可以向居住地车辆管理所申请换证。申请时应当填写申请表，提交机动车驾驶人的身份证明和机动车驾驶证，并申报身体条件情况。

年龄在60周岁以上的，不得驾驶大型客车、重型牵引挂车、城市公交车、中型客车、大型货车、无轨电车和有轨电车；持有大型客车、重型牵引挂车、城市公交车、中型客车、大型货车驾驶证的，应当到机动车驾驶证核发地或者核发地以外的车辆管理所换领准驾车型为小型手动挡汽车或者小型自动挡汽车的机动车驾驶证。

年龄在70周岁以上的，不得驾驶低速载货汽车、三轮汽车、普通三轮摩托车、普通两轮摩托车和轻型牵引挂车；持有普通三轮摩托车、普通两轮摩托车驾驶证的，应当到机动车驾驶证核发地或者核发地以外的车辆管理所换领准驾车型为轻便摩托车的机动车驾驶证。

机动车驾驶人自愿降低准驾车型的，应当填写申请表，并提交机动车驾驶人的身份证明和机动车驾驶证。

具有下列情形之一的，机动车驾驶人应当在三十日内到机动车驾驶证核发地或者核发地以外的车辆管理所申请换证：

（1）在车辆管理所管辖区域内，机动车驾驶证记载的机动车驾驶人信息发生变化的；

（2）机动车驾驶证损毁无法辨认的。

申请时应当填写申请表，并提交机动车驾驶人的身份证明和机动车驾驶证。

机动车驾驶人身体条件发生变化，不符合所持机动车驾驶证准驾车型的条件，但符合准予驾驶的其他准驾车型条件的，应当在三十日内到机动车驾驶证核发地或者核发地以外的车辆管理所申请降低准驾车型。申请时应当填写申请表，并提交机动车驾驶人的身份证明、医疗机构出具的有关身体条件的证明。

机动车驾驶证遗失的，机动车驾驶人应当向机动车驾驶证核发地或者核发地以外的车辆管理所申请补发。申请时应当填写申请表，并提交以下证明、凭证：

（1）机动车驾驶人的身份证明；

（2）机动车驾驶证遗失的书面声明。

符合规定的，车辆管理所应当在一日内补发机动车驾驶证。

机动车驾驶人补领机动车驾驶证后，原机动车驾驶证作废，不得继续使用。

机动车驾驶证被依法扣押、扣留或者暂扣期间，机动车驾驶人不得申请补发。

第4章
交通信号

4.1 交通信号灯

交通信号灯是指挥交通运行的信号灯，一般由红灯、绿灯、黄灯组成。红灯表示禁止通行，绿灯表示准许通行，黄灯表示警示。

交通信号灯分为：机动车信号灯、非机动车信号灯、人行横道信号灯、方向指示信号（箭头信号灯）、车道信号灯、闪光警告信号灯、道路与铁路平面交叉道口信号灯，如图4-1-1所示。

（a）机动车信号灯

（b）非机动车信号灯和人行横道信号灯

（c）方向指示信号灯（箭头信号灯）和车道信号灯

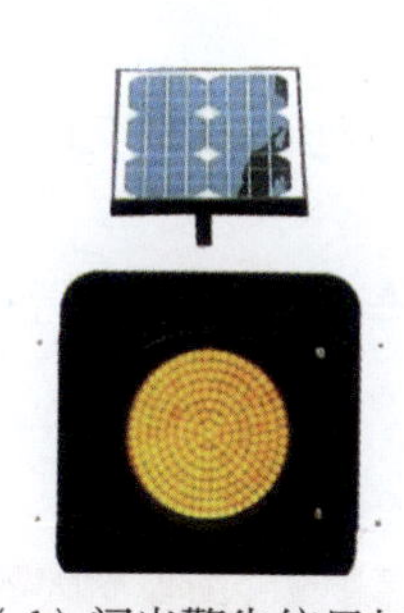

（d）闪光警告信号灯

（e）道路与铁路平面交叉道口信号灯

图4-1-1　交通信号灯

（1）机动车信号灯和非机动车信号灯。

机动车信号灯是由红色、黄色、绿色三个无图案圆形单位组成的一组灯，指导机动车通行。

非机动车信号灯是由红色、黄色、绿色三个内有自行车图案的圆形单位组成的一组灯，指导非机动车通行。

绿灯亮时，准许车辆通行，但转弯的车辆不得妨碍被放行的直行车辆、行人通行。

黄灯亮时，已越过停止线的车辆可以继续通行。

红灯亮时，禁止车辆通行。

在未设置非机动车信号灯和人行横道信号灯的路口，非机动车和行人应当按照机动车信号灯的指示通行。

红灯亮时，右转弯的车辆在不妨碍被放行的车辆、行人通行的情况下，可以通行。

（2）人行横道信号灯是由内有红色行人站立图案和内有绿色行人行走图案组成的一组信号灯，指导行人通行。

绿灯亮时，准许行人通过人行横道。

红灯亮时，禁止行人进入人行横道，但是已经进入人行横道的，可以继续通过或者在道路中心线处停留等候。

（3）方向指示信号灯是由红色、黄色、绿色三个内由箭头图案组成的一组灯，用于指导机动车按指示方向通行。

箭头方向向左、向上、向右分别表示左转、直行、右转。

（4）车道信号灯是由叉形图案和箭头图案组成的信号灯，指导本车道内车辆按指示通行。

绿色箭头灯亮时，准许本车道车辆按指示方向通行。

红色叉形灯或箭头灯亮时，禁止本车道车辆通行。

（5）闪光警告信号灯为持续闪烁的黄灯，提示车辆、行人通行时注意瞭望，确认安全后通过。

（6）道路与铁路平面交叉道口信号灯是设置在道路与铁路相交路口的两个或一个红色信号灯，用于指导车辆和行人通行。

两个红灯交替闪烁或者一个红灯亮时，表示禁止车辆、行人通行；红灯熄灭时，表示允许车辆、行人通行。

4.2 交通标志

交通标志是指用文字或符号传递引导、限制、警告或指示信息的道路设施，又称道路标志、道路交通标志。设置醒目、清晰、明亮的交通标志是实施交通管理，保证道路交通安全、顺畅的重要措施。交通标志有多种类型，可分为：主要标志和辅助标志；可动式标志和固定式标志；照明标志、发光标志和反光标志；反映行车环境变化的可变信息标志。

4.2.1 警告标志

起警告作用，是警告车辆、行人注意危险地点的标志。颜色为黄底、黑边、黑图案，形状为顶角朝上的等边三角形。

（1）交叉路口标志用以警告车辆驾驶人谨慎慢行，注意横向来车（图4-2-1）。

图 4-2-1 交叉路口标志

（2）向右急转弯标志用以警告车辆驾驶人减速慢行（图4-2-2）。

（3）向左急转弯标志用以警告车辆驾驶人减速慢行（图4-2-3）。

（4）连续弯路标志用以警告车辆驾驶人减速慢行（图4-2-4）。

（5）上坡路标志用以提醒车辆驾驶人小心驾驶（图4-2-5）。

（6）下坡路标志用以提醒车辆驾驶人小心驾驶（图4-2-6）。

图 4-2-2 向右急转弯标志

图 4-2-3 向左急转弯标志

图 4-2-4 连续弯路标志

图 4-2-5 上坡路标志

图 4-2-6 下坡路标志

（7）连续下坡路标志用以提醒车辆驾驶人小心驾驶（图4-2-7）。

（8）两侧变窄标志用以警告车辆驾驶人注意前方车行道或路面狭窄情况，遇有来车应减速避让（图4-2-8）。

（9）右侧变窄标志用以警告车辆驾驶人注意前方车行道或路面狭窄情况，遇有来车应减速避让（图4-2-9）。

（10）左侧变窄标志用以警告车辆驾驶人注意前方车行道或路面狭窄情况，遇有来车应减速避让（图4-2-10）。

（11）窄桥标志用以警告车辆驾驶人注意前方桥面宽度变窄，应谨慎驾驶（图4-2-11）。

图 4-2-7
连续下坡路标志

图 4-2-8
两侧变窄标志

图 4-2-9
右侧变窄标志

图 4-2-10
左侧变窄标志

图 4-2-11
窄桥标志

（12）易滑标志用以促使车辆驾驶人注意慢行（图4-2-12）。

（13）双向交通标志用以提醒车辆驾驶人注意会车（图4-2-13）。

（14）注意行人标志用以警告车辆驾驶人减速慢行，注意行人（图4-2-14）。

（15）注意儿童标志用以警告车辆驾驶人减速慢行，注意儿童（图4-2-15）。

（16）注意牲畜标志用以提醒车辆驾驶人注意慢行（图4-2-16）。

图 4-2-12
易滑标志

图 4-2-13
双向交通标志

图 4-2-14
注意行人标志

图 4-2-15
注意儿童标志

图 4-2-16
注意牲畜标志

（17）渡口标志用以提醒车辆驾驶人谨慎驾驶（图4-2-17）。

（18）注意野生动物标志用以提醒车辆驾驶人注意慢行（图4-2-18）。

（19）注意信号灯标志用以警告车辆驾驶人注意前方路段设有信号灯，应依信号灯指示行车（图4-2-19）。

（20）村庄标志用以提醒车辆驾驶人小心驾驶（图4-2-20）。

（21）注意落石标志用以提醒车辆驾驶人注意落石（图4-2-21）。

图 4-2-17
渡口标志

图 4-2-18
注意野生动物标志

图 4-2-19
注意信号灯标志

图 4-2-20
村庄标志

图 4-2-21
注意落石标志

（22）注意横风标志用以提醒车辆驾驶人小心驾驶（图4-2-22）。

（23）傍山险路标志用以提醒车辆驾驶人小心驾驶（图4-2-23）。

（24）堤坝路标志用以提醒车辆驾驶人小心驾驶（图4-2-24）。

（25）隧道标志用以提醒车辆驾驶人注意慢行（图4-2-25）。

（26）驼峰桥标志用以提醒车辆驾驶人谨慎驾驶（图4-2-26）。

图 4-2-22
注意横风标志

图 4-2-23
傍山险路标志

图 4-2-24
堤坝路标志

图 4-2-25
隧道标志

图 4-2-26
驼峰桥标志

（27）路面不平标志用以提醒车辆驾驶人减速慢行（图4-2-27）。

（28）路面高突标志用以提醒车辆驾驶人减速慢行（图4-2-28）。

（29）路面低洼标志用以提醒车辆驾驶人减速慢行。设在路面突然低洼以前适当位置（图4-2-29）。

（30）过水路面标志用以提醒车辆驾驶人谨慎慢行（图4-2-30）。

（31）有人看守铁道路口标志用以警告车辆驾驶人注意慢行或及时停车（图4-2-31）。

图 4-2-27
路面不平标志

图 4-2-28
路面高突标志

图 4-2-29
路面低洼标志

图 4-2-30
过水路面标志

图 4-2-31
有人看守铁道路口标志

（32）无人看守铁道路口标志用以警告车辆驾驶人注意慢行或及时停车（图4-2-32）。

（33）叉形符号标志用以警告车辆驾驶人注意慢行或及时停车（图4-2-33）。

（34）注意非机动车标志用以提醒车辆驾驶人注意慢行（图4-2-34）。

（35）注意残疾人标志用以提醒车辆驾驶人减速慢行，注意残疾人（图4-2-35）。

图 4-2-32
无人看守铁道路口标志

图 4-2-33
叉形符号标志

图 4-2-34
注意非机动车标志

图 4-2-35
注意残疾人标志

（36）事故易发路段标志用以告示前方道路为事故易发路段，谨慎驾驶（图4-2-36）。

（37）慢行标志用以提醒车辆驾驶人减速慢行（图4-2-37）。

（38）右侧绕行标志用以告示前方道路有障碍物，车辆应按标志指示减速慢行（图4-2-38）。

（39）左侧绕行标志用以告示前方道路有障碍物，车辆应按标志指示减速慢行（图4-2-39）。

（40）左右绕行标志用以告示前方道路有障碍物，车辆应按标志指示减速慢行（图4-2-40）。

图4-2-36
事故易发路段标志

图4-2-37
慢行标志

图4-2-38
右侧绕行标志

图4-2-39
左侧绕行标志

图4-2-40
左右绕行标志

（41）注意危险标志用以提醒车辆驾驶人谨慎驾驶（图4-2-41）。

（42）施工标志用以告示前方道路施工，车辆应减速慢行或绕道行驶（图4-2-42）。

（43）建议减速标志用以提醒车辆驾驶人以建议的速度行驶，设在弯道、出口、匝道的适当位置（图4-2-43）。

（44）隧道开车灯标志用以警告车辆驾驶人进入隧道前打开前照灯，注意行驶（图4-2-44）。

（45）注意潮汐车道标志用以警告车辆驾驶人注意前方为潮汐车道（图4-2-45）。

图4-2-41
注意危险标志

图4-2-42
施工标志

图4-2-43
建议减速标志

图4-2-44
隧道开车灯标志

图4-2-45
注意潮汐车道标志

（46）避险车道标志设置在避险车道的道路上，在其前方适当位置应至少设置一块避险车道标志（图4-2-46）。

（47）注意合流标志用以警告车辆驾驶人注意前方有车辆汇合进来（图4-2-47）。

（48）丁字平面交叉标志用以警告车辆驾驶人注意前方平面交叉的被交道路

是分离式道路（图4-2-48）。

（49）十字平面交叉标志用以警告车辆驾驶人注意前方平面交叉的被交道路是分离式道路（图4-2-49）。

图 4-2-46
避险车道标志

图 4-2-47
注意合流标志

图 4-2-48
丁字平面交叉标志

图 4-2-49
十字平面交叉标志

（50）注意保持车距标志用以警告车辆驾驶人注意和前车保持安全距离（图4-2-50）。

（51）注意前方车辆排队标志用以警告车辆驾驶人注意前方车辆排队（图4-2-51）。

（52）注意不利气象条件标志用以警告车辆驾驶人注意不利气象条件，谨慎驾驶（图4-2-52）。

图 4-2-50
注意保持车距标志

图 4-2-51
注意前方车辆排队标志

图 4-2-52
注意不利气象条件标志

（53）注意路面结冰标志用以警告车辆驾驶人注意路面结冰，谨慎驾驶（图4-2-53）。

（54）注意雾天标志用以警告车辆驾驶人注意雾天，谨慎驾驶（图4-2-54）。

（55）注意雨（雪）天标志用以警告车辆驾驶人注意雨（雪）天，谨慎驾驶（图4-2-55）。

图 4-2-53
注意路面结冰标志

图 4-2-54
注意雾天标志

图 4-2-55
注意雨（雪）天标志

4.2.2 禁令标志

禁令标志起到禁止某种行为的作用，是禁止或限制车辆、行人交通行为的标志。除个别标志外，颜色为白底，红圈，红杠，黑图案，图案压杠；形状为圆形、八角形、顶角朝下的等边三角形。设置在需要禁止或限制车辆、行人交通行为的路段或交叉口附近。

（1）停车让行标志表示车辆应在停止线前停车瞭望，确认安全后，方可通行（图4-2-56）。

（2）减速让行标志表示车辆应减速让行，告示车辆驾驶人应慢行或停车，观察干道行车情况，在确保干道车辆优先，确保安全的前提下，方可进入路口（图4-2-57）。

（3）会车让行标志表示车辆会车时，应停车让对方车先行（图4-2-58）。

（4）禁止通行标志表示禁止一切车辆和行人通行（图4-2-59）。

（5）禁止驶入标志表示禁止一切车辆驶入（图4-2-60）。

图4-2-56 停车让行标志　图4-2-57 减速让行标志　图4-2-58 会车让行标志　图4-2-59 禁止通行标志　图4-2-60 禁止驶入标志

（6）禁止机动车驶入标志表示禁止各类机动车驶入（图4-2-61）。

（7）禁止载货汽车驶入标志表示禁止载货汽车驶入（图4-2-62）。

（8）禁止电动三轮车驶入标志表示禁止电动三轮车驶入（图4-2-63）。

（9）禁止大型客车驶入标志表示禁止大型客车驶入（图4-2-64）。

（10）禁止小型客车驶入标志表示禁止小型客车驶入（图4-2-65）。

图4-2-61 禁止机动车驶入标志　图4-2-62 禁止载货汽车驶入标志　图4-2-63 禁止电动三轮车驶入标志　图4-2-64 禁止大型客车驶入标志　图4-2-65 禁止小型客车驶入标志

（11）禁止挂车、半挂车驶入标志表示禁止挂车、半挂车驶入（图4-2-66）。

（12）禁止拖拉机驶入标志表示禁止各类拖拉机驶入（图4-2-67）。

（13）禁止三轮汽车、低速货车驶入标志表示禁止三轮汽车、低速货车驶入（图4-2-68）。

（14）禁止摩托车驶入标志表示禁止摩托车驶入（图4-2-69）。

（15）禁止标志上所示的两种车辆驶入标志表示禁止标志上所示的两种车辆驶入（图4-2-70）。

图 4-2-66 禁止挂车、半挂车驶入标志

图 4-2-67 禁止拖拉机驶入标志

图 4-2-68 禁止三轮汽车、低速货车驶入标志

图 4-2-69 禁止摩托车驶入标志

图 4-2-70 禁止标志上所示的两种车辆驶入标志

（16）禁止各类非机动车进入标志表示禁止各类非机动车进入（图4-2-71）。

（17）禁止畜力车进入标志表示禁止畜力车进入（图4-2-72）。

（18）禁止人力货运三轮车进入标志表示禁止人力货运三轮车进入（图4-2-73）。

（19）禁止人力客运三轮车进入标志表示禁止人力客运三轮车进入（图4-2-74）。

（20）禁止人力车进入标志表示禁止人力车进入（图4-2-75）。

图 4-2-71 禁止各类非机动车进入标志

图 4-2-72 禁止畜力车进入标志

图 4-2-73 禁止人力货运三轮车进入标志

图 4-2-74 禁止人力客运三轮车进入标志

图 4-2-75 禁止人力车进入标志

（21）禁止行人进入标志表示禁止行人进入（图4-2-76）。

（22）禁止向右转弯标志表示前方路口禁止一切车辆向右转弯（图4-2-77）。

（23）禁止向左转弯标志表示前方路口禁止一切车辆向左转弯（图4-2-78）。

（24）禁止小客车向右转弯标志表示前方路口禁止小客车向右转弯（图4-2-79）。

（25）禁止载货汽车左转标志表示前方路口禁止载货汽车向左转弯（图4-2-80）。

图 4-2-76 禁止行人进入标志

图 4-2-77 禁止向右转弯标志

图 4-2-78 禁止向左转弯标志

图 4-2-79 禁止小客车向右转弯标志

图 4-2-80 禁止载货汽车左转标志

（26）禁止直行标志表示前方路口禁止一切车辆直行（图4-2-81）。

（27）禁止向左向右转弯标志表示前方路口禁止一切车辆向左向右转弯（图4-2-82）。

（28）禁止直行和向右转弯标志表示前方路口禁止一切车辆直行和向右转弯（图4-2-83）。

（29）禁止直行和向左转弯标志表示前方路口禁止一切车辆直行和向左转弯（图4-2-84）。

（30）禁止掉头标志表示禁止机动车掉头（图4-2-85）。

图 4-2-81 禁止直行标志

图 4-2-82 禁止向左向右转弯标志

图 4-2-83 禁止直行和向右转弯标志

图 4-2-84 禁止直行和向左转弯标志

图 4-2-85 禁止掉头标志

（31）禁止超车标志表示该标志至前方解除禁止超车标志的路段内，不允许机动车超车（图4-2-86）。

（32）解除禁止超车标志表示禁止超车路段结束（图4-2-87）。

（33）禁止停车标志表示在限定的范围内，禁止一切车辆停放（图4-2-88）。

（34）禁止长时停车标志表示在限定的范围内，禁止一切车辆长时停放，临时停车不受限制（图4-2-89）。

（35）禁止鸣喇叭标志表示禁止车辆鸣喇叭（图4-2-90）。

（36）限制宽度标志表示禁止装载宽度超过标志所示数值的车辆通行（图4-2-91）。

（37）限制高度标志表示禁止装载高度超过标志所示数值的车辆通行（图4-2-92）。

图 4-2-86
禁止超车标志

图 4-2-87
解除禁止超车标志

图 4-2-88
禁止停车标志

图 4-2-89
禁止长时停车标志

图 4-2-90
禁止鸣喇叭标志

（38）限制质量标志表示禁止总质量超过标志所示数值的车辆通行（图4-2-93）。

（39）限制速度标志表示该标志至前方解除限制速度标志或另一块不同限速值的限制速度标志的路段内，机动车行驶速度（单位为千米/小时）不准超过标志所示数值（图4-2-94）。

（40）解除限制速度标志表示限制速度路段结束（图4-2-95）。

图 4-2-91
限制宽度标志

图 4-2-92
限制高度标志

图 4-2-93
限制质量标志

图 4-2-94
限制速度标志

图 4-2-95
解除限制速度标志

（41）停车检查标志表示机动车应停车接受检查（图4-2-96）。

（42）禁止运输危险物品车辆驶入标志表示禁止运输危险物品车辆驶入（图4-2-97）。

（43）海关标志表示道路前方是海关，所有机动车应停车检查合格后方可通过（图4-2-98）。

（44）区域禁止长时停车标志表示区域禁止长时停车（图4-2-99）。

（45）区域禁止长时停车解除标志表示区域禁止长时停车解除（图4-2-100）。

图 4-2-96
停车检查标志

图 4-2-97
禁止运输危险物品车辆驶入标志

图 4-2-98
海关标志

图 4-2-99
区域禁止长时停车标志

图 4-2-100
区域禁止长时停车解除标志

（46）区域禁止停车标志表示区域禁止停车（图4-2-101）。

（47）区域禁止停车解除标志表示区域禁止停车解除（图4-2-102）。

（48）区域限制速度标志表示区域限制速度（图4-2-103）。

（49）区域限制速度解除标志表示区域限制速度解除（图4-2-104）。

图4-2-101
区域禁止停车标志

图4-2-102
区域禁止停车解除标志

图4-2-103
区域限制速度标志

图4-2-104
区域限制速度解除标志

4.2.3 指示标志

指示标志起指示作用，是指示车辆、行人行进的标志。颜色为蓝底、白图案；形状分为圆形、长方形和正方形；设置在需要指示车辆、行人行进的路段或交叉口附近。

（1）直行标志表示一切车辆只准直行（图4-2-105）。

（2）向左转弯标志表示一切车辆只准向左转弯（图4-2-106）。

（3）向右转弯标志表示一切车辆只准向右转弯（图4-2-107）。

（4）直行和向左转弯标志表示一切车辆只准直行和向左转弯（图4-2-108）。

（5）直行和向右转弯标志表示一切车辆只准直行和向右转弯（图4-2-109）。

图4-2-105
直行标志

图4-2-106
向左转弯标志

图4-2-107
向右转弯标志

图4-2-108
直行和向左转弯标志

图4-2-109
直行和向右转弯标志

（6）向左和向右转弯标志表示一切车辆只准向左和向右转弯（图4-2-110）。

（7）靠右侧道路行驶标志表示一切车辆只准靠右侧行驶（图4-2-111）。

（8）靠左侧道路行驶标志表示一切车辆只准靠左侧行驶（图4-2-112）。

（9）立体交叉直行和左转弯行驶标志表示一切车辆在立体交叉处可以直行和按图示路线左转弯行驶（图4-2-113）。

（10）立体交叉直行和右转弯行驶标志表示一切车辆在立体交叉处可以直行

和按图示路线右转弯行驶（图4-2-114）。

图 4-2-110
向左和向右
转弯标志

图 4-2-111
靠右侧道路
行驶标志

图 4-2-112
靠左侧道路
行驶标志

图 4-2-113
立体交叉直行和
左转弯行驶标志

图 4-2-114
立体交叉直行和
右转弯行驶标志

（11）环岛行驶标志表示一切车辆只准靠右环行（图4-2-115）。

（12）单行路（直行）标志表示该道路为单向行驶，已进入车辆应依标志指示方向行车（图4-2-116）。

（13）单行路（向左或向右）标志表示该道路为单向行驶，已进入车辆应依标志指示方向行车（图4-2-117）。

（14）步行标志表示该段道路只供步行，任何车辆不准进入（图4-2-118）。

（15）鸣喇叭标志表示机动车行至该标志处应鸣喇叭，以提醒对向车辆驾驶人注意并减速慢行（图4-2-119）。

图 4-2-115
环岛行驶标志

图 4-2-116
单行路（直行）
标志

图 4-2-117
单行路（向左或
向右）标志

图 4-2-118
步行标志

图 4-2-119
鸣喇叭标志

（16）最低限速标志表示机动车驶入前方道路的最低时速限制（图4-2-120）。

（17）路口优先通行标志表示交叉口主要道路上车辆享有优先通行权利（图4-2-121）。

（18）会车先行标志表示车辆在会车时享有优先通行权利（图4-2-122）。

（19）人行横道标志表示该处为人行横道（图4-2-123）。

（20）掉头车道标志表示车道的行驶方向（图4-2-124）。

（21）掉头和左转合用车道标志表示车道的行驶方向（图4-2-125）。

（22）右转车道标志表示车道的行驶方向（图4-2-126）。

（23）直行车道标志表示车道的行驶方向（图4-2-127）。

图 4-2-120
最低限速标志

图 4-2-121
路口优先通行标志

图 4-2-122
会车先行标志

图 4-2-123
人行横道标志

图 4-2-124
掉头车道标志

（24）直行和右转合用车道标志表示车道的行驶方向（图4-2-128）。

（25）直行和左转合用车道标志表示车道的行驶方向（图4-2-129）。

图 4-2-125
掉头和左转
合用车道标志

图 4-2-126
右转车道标志

图 4-2-127
直行车道标志

图 4-2-128
直行和右转
合用车道标志

图 4-2-129
直行和左转
合用车道标志

（26）左转车道标志表示车道的行驶方向（图4-2-130）。

（27）公交线路专用车道标志表示该车道专供本线路行驶的公交车辆行驶（图4-2-131）。

（28）机动车行驶标志表示该道路只供机动车行驶（图4-2-132）。

（29）机动车车道标志表示该车道只供机动车行驶（图4-2-133）。

（30）非机动车行驶标志表示该道路只供非机动车行驶（图4-2-134）。

图 4-2-130
左转车道标志

图 4-2-131
公交线路专用
车道标志

图 4-2-132
机动车行驶标志

图 4-2-133
机动车车道标志

图 4-2-134
非机动车
行驶标志

（31）非机动车车道标志表示该车道只供非机动车行驶（图4-2-135）。

（32）快速公交系统专用车道标志表示该车道专供快速公交车辆行驶（图4-2-136）。

（33）多乘员车辆专用车道标志表示该车道只供多乘员的车辆行驶（图4-2-137）。

图 4-2-135
非机动车车道标志

图 4-2-136
快速公交系统专用车道标志

图 4-2-137
多乘员车辆专用车道标志

（34）停车位标志表示机动车允许停放的区域（图4-2-138）。

（35）允许掉头标志表示该处允许机动车掉头（图4-2-139）。

图 4-2-138　停车位标志

图 4-2-139　允许掉头标志

4.2.4　指路标志

起指路作用，是传递道路方向、地点、距离信息的标志。颜色除里程碑、百米桩外，一般为蓝底、白图案；高速公路标志一般为绿底、白图案；形状除地点识别标志、里程碑、分合流标志外，一般为长方形和正方形。设置在需要传递道路方向、地点、距离信息的路段或交叉口附近。

（1）四车道及以上公路交叉路口预告标志（图4-2-140）。

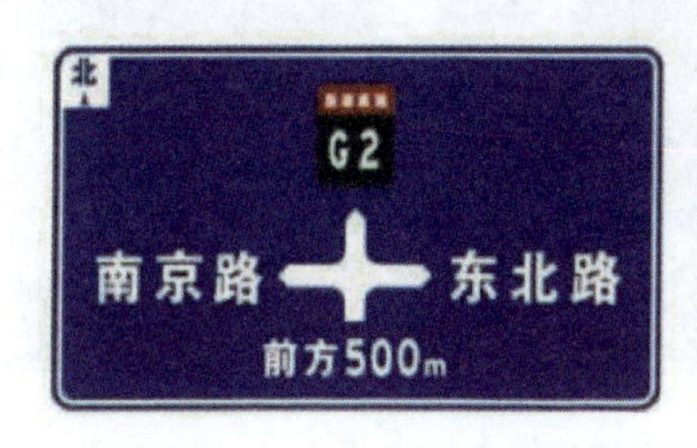

图 4-2-140　四车道及以上公路交叉路口预告标志

（2）大交通量的四车道以上公路交叉路口预告标志（图4-2-141）。

图4-2-141　大交通量的四车道以上公路交叉路口预告标志

（3）箭头杆上标识公路编号、道路名称的公路交叉路口预告标志（图4-2-142）。

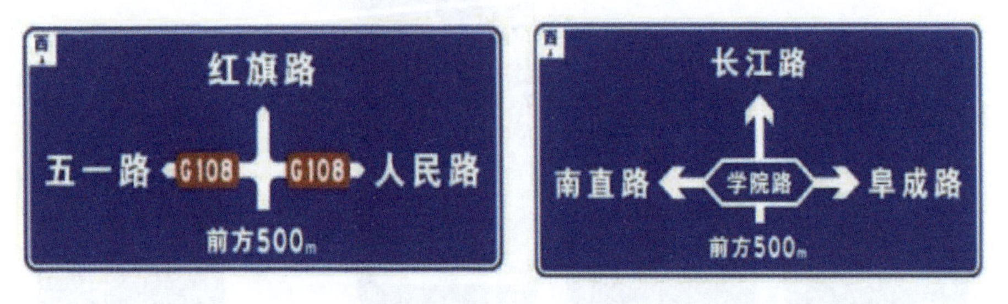

图4-2-142　箭头杆上标识公路编号、道路名称的公路交叉路口预告标志

（4）十字交叉路口标志（图4-2-143）。

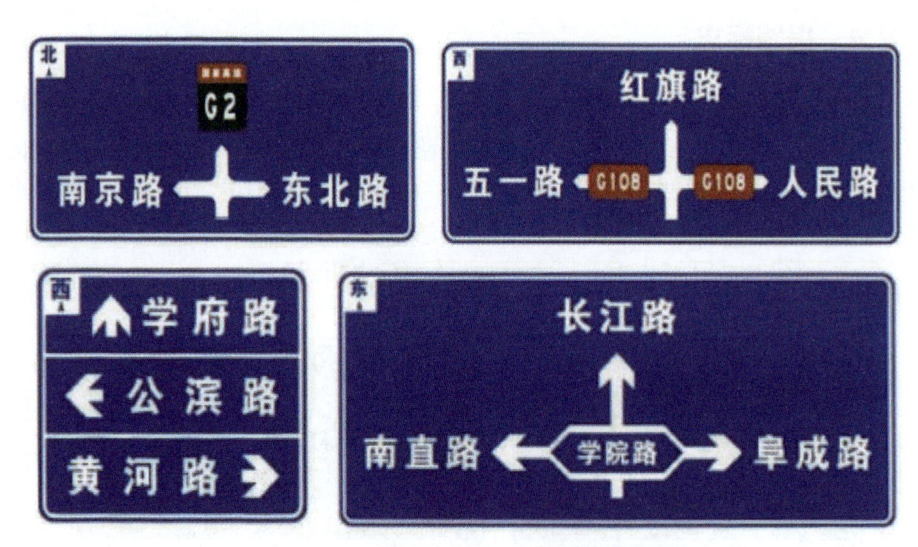

图4-2-143　十字交叉路口标志

（5）丁字交叉路口标志（图4-2-144）。

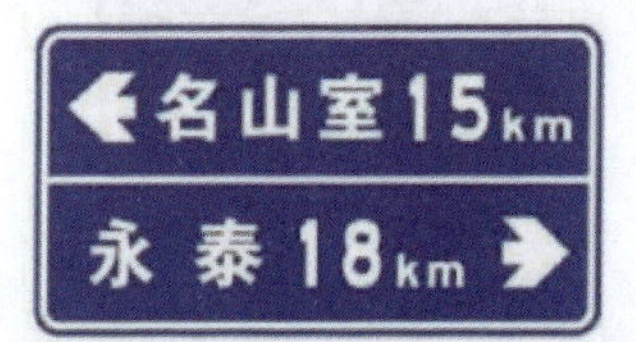

图 4-2-144　丁字交叉路口标志

（6）Y形交叉路口标志（图4-2-145）。

图 4-2-145　Y 形交叉路口标志

（7）环形交叉路口标志（图4-2-146）。

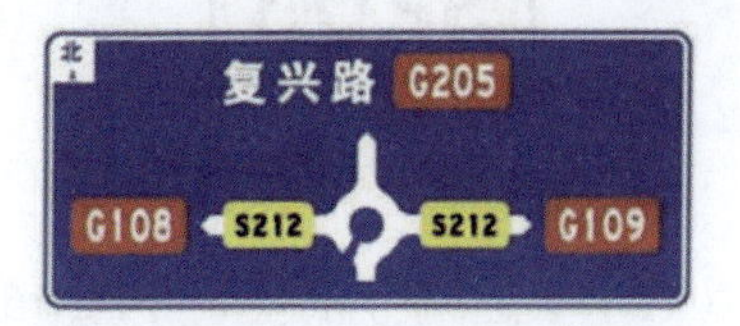

图 4-2-146　环形交叉路口标志

（8）互通式立体交叉标志（图4-2-147）。

图 4-2-147　互通式立体交叉标志

（9）分岔处标志（图4-2-148）。

图 4-2-148　分岔处标志

（10）国道编号标志（图4-2-149）。

图 4-2-149　国道编号标志

（11）省道编号标志（图4-2-150）。

图 4-2-150　省道编号标志

（12）县道编号标志（图4-2-151）。

图 4-2-151　县道编号标志

（13）乡道编号标志（图4-2-152）。

图 4-2-152　乡道编号标志

（14）街道名称标志（图4-2-153）。

图 4-2-153　街道名称标志

（15）路名牌标志（图4-2-154）。

图 4-2-154　路名牌标志

（16）地点距离标志（图4-2-155）。

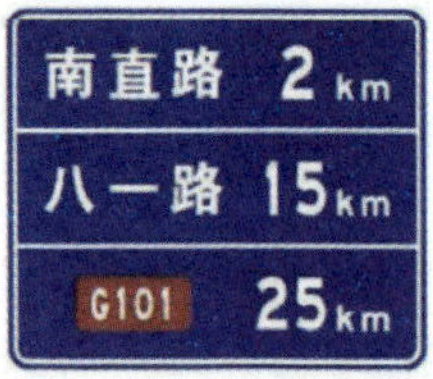

图 4-2-155　地点距离标志

（17）地名标志（图4-2-156）。

图 4-2-156　地名标志

（18）著名地点标志（图4-2-157）。

图 4-2-157　著名地点标志

（19）行政区划分界标志（图4-2-158）。

图 4-2-158　行政区划分界标志

（20）道路管理分界标志（图4-2-159）。

图 4-2-159　道路管理分界标志

（21）地点识别标志（图4-2-160）。

图 4-2-160　地点识别标志

（22）停车场（区）标志（图4-2-161）。

图4-2-161 停车场（区）标志

（23）错车道标志（图4-2-162）。

图4-2-162 错车道标志

（24）人行天桥标志（图4-2-163）。

图4-2-163 人行天桥标志

（25）人行地下通道标志（图4-2-164）。

图4-2-164 人行地下通道标志

（26）残疾人专用设施标志（图4-2-165）。

图4-2-165 残疾人专用设施标志

（27）观景台标志（图4-2-166）。

图4-2-166 观景台标志

（28）应急避难设施（场所）标志（图4-2-167）。

图4-2-167 应急避难设施（场所）标志

（29）休息区标志（图4-2-168）。

图4-2-168 休息区标志

（30）绕行标志（图4-2-169）。

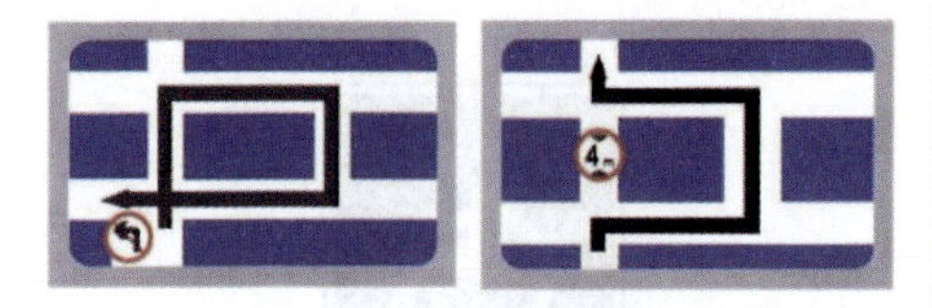

图 4-2-169 绕行标志

（31）车道数变少标志（图4-2-170）。

图 4-2-170 车道数变少标志

（32）车道数增加标志（图4-2-171）。

图 4-2-171 车道数增加标志

（33）交通监控设备标志（图4-2-172）。

图 4-2-172 交通监控设备标志

（34）隧道出口距离预告标志（图4-2-173）。

图 4-2-173 隧道出口距离预告标志

（35）线形诱导基本单元标志（图4-2-174）。

图 4-2-174 线形诱导基本单元标志

（36）基本单元组合使用标志（图4-2-175）。

图 4-2-175 基本单元组合使用标志

（37）两侧通行标志（图4-2-176）。

图 4-2-176 两侧通行标志

（38）右侧通行标志（图4-2-177）。

图4-2-177　右侧通行标志

（39）左侧通行标志（图4-2-178）。

图4-2-178　左侧通行标志

（40）此路不通标志（图4-2-179）。

图4-2-179　此路不通标志

（41）里程碑标志（图4-2-180）。

图4-2-180　里程碑标志

（42）百米桩标志（图4-2-181）。

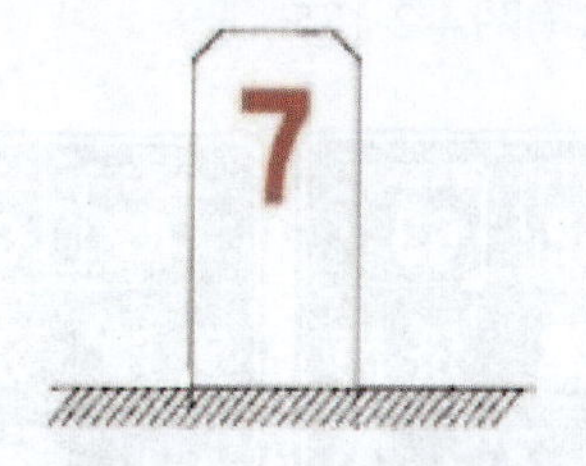

图4-2-181　百米桩标志

（43）公路界碑标志（图4-2-182）。

图4-2-182　公路界碑标志

（44）入口预告标志（图4-2-183）。

图4-2-183　入口预告标志

（45）无统一编号高速公路或城市快速路入口预告标志（图4-2-184）。

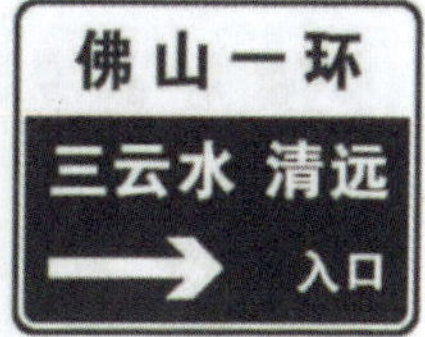

图4-2-184　无统一编号高速公路或城市快速路入口预告标志

（46）两条高速公路共线时入口预告标志（图4-2-185）。

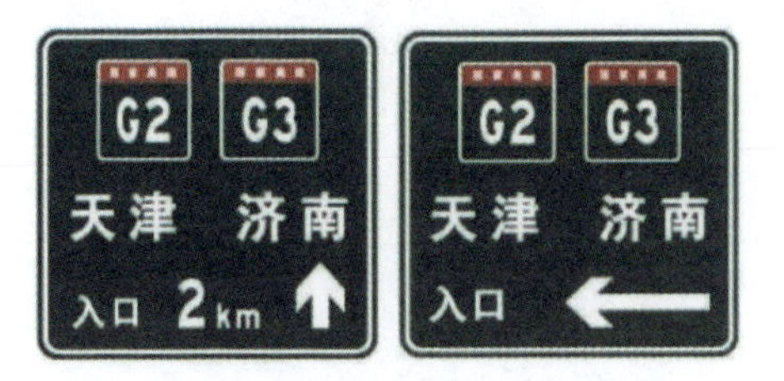

图 4-2-185 两条高速公路共线时入口预告标志

（47）不带编号标识的地点、方向标志（图4-2-186）。

图 4-2-186 不带编号标识的地点、方向标志

（48）带编号标识的地点、方向标志（图4-2-187）。

图 4-2-187 带编号标识的地点、方向标志

（49）编号标志（图4-2-188）。

图 4-2-188 编号标志

（50）命名编号标志（图4-2-189）。

图 4-2-189 命名编号标志

（51）路名标志（图4-2-190）。

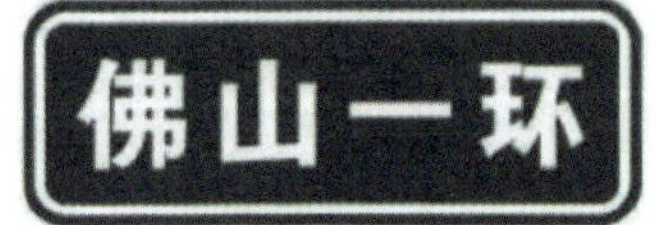

图 4-2-190 路名标志

（52）地点距离标志（图4-2-191）。

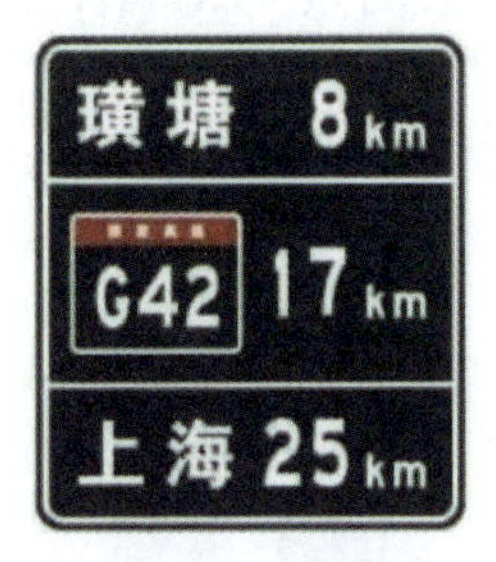

图 4-2-191 地点距离标志

（53）城市区域多个出口时的地点距离标志（图4-2-192）。

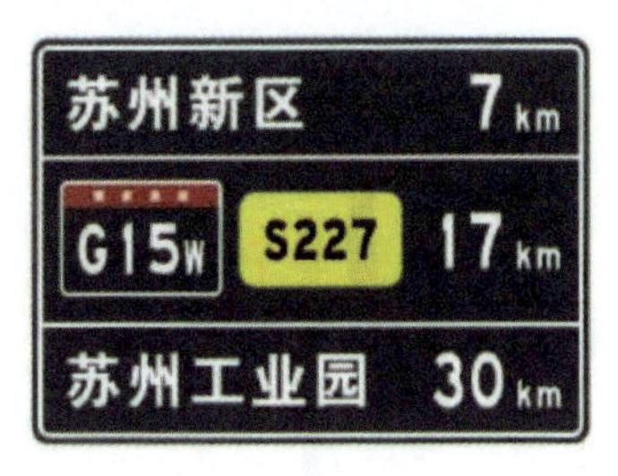

图 4-2-192 城市区域多个出口时的地点距离标志

（54）下一出口预告标志（图4-2-193）。

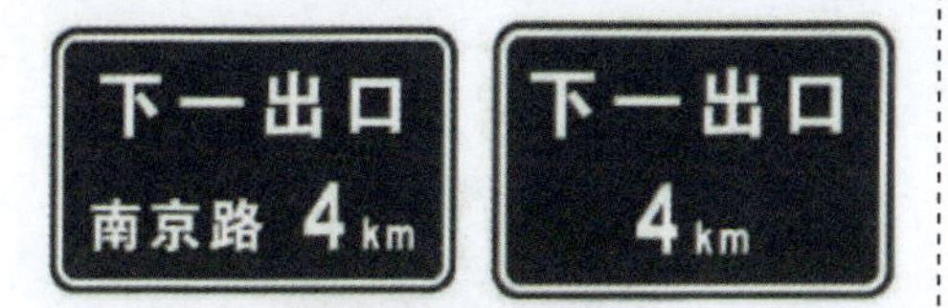

图 4-2-193　下一出口预告标志

（55）出口编号标志（图4-2-194）。

图 4-2-194　出口编号标志

（56）右侧出口预告标志（图4-2-195）。

图 4-2-195　右侧出口预告标志

（57）左侧出口预告标志（图4-2-196）。

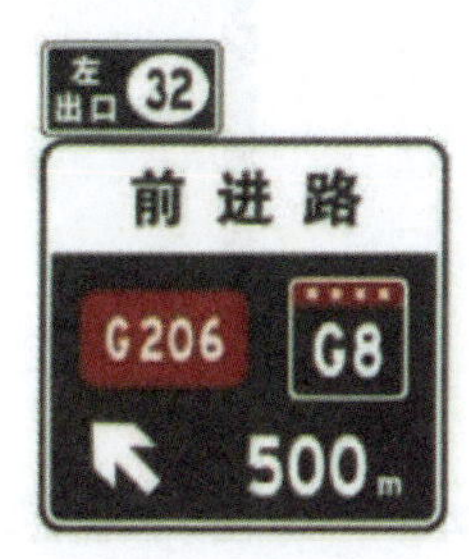

图 4-2-196　左侧出口预告标志

（58）出口标志及出口地点方向标志（图4-2-197）。

图 4-2-197　出口标志及出口地点方向标志

（59）高速公路起点标志（图4-2-198）。

图 4-2-198　高速公路起点标志

（60）无统一编号的高速公路或城市快速路起点标志（图4-2-199）。

图 4-2-199　无统一编号的高速公路
或城市快速路起点标志

（61）终点预告标志（图4-2-200）。

图 4-2-200　终点预告标志

（62）无统一编号的高速公路或城市快速路终点预告标志（图4-2-201）。

图 4-2-201　无统一编号的高速公路或城市快速路终点预告标志

（63）终点提示标志（图4-2-202）。

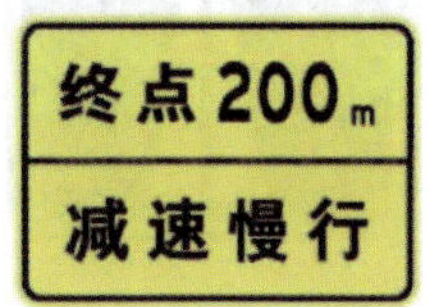

图 4-2-202　终点提示标志

（64）国家高速公路、省级高速公路终点标志（图4-2-203）。

图 4-2-203　国家高速公路、省级高速公路终点标志

（65）无统一编号的高速公路或城市快速路终点标志（图4-2-204）。

图 4-2-204　无统一编号的高速公路或城市快速路终点标志

（66）道路交通信息标志（图4-2-205）。

图 4-2-205　道路交通信息标志

（67）里程牌标志（图4-2-206）。

图 4-2-206　国家高速公路、省级高速公路里程牌标志

（68）无统一编号的高速公路或城市快速路里程牌标志（图4-2-207）。

图 4-2-207　无统一编号的高速公路或城市快速路里程牌标志

（69）百米牌标志（图4-2-208）。

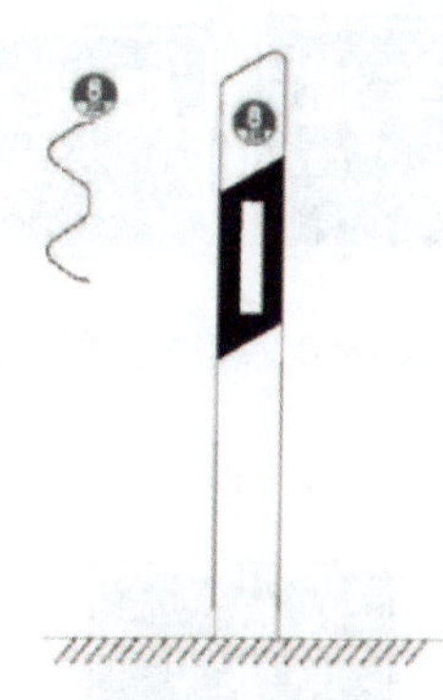

图 4-2-208　百米牌标志

（70）特殊天气建议速度标志（图4-2-209）。

图 4-2-209　特殊天气建议速度标志

（71）停车领卡标志（图4-2-210）。

图 4-2-210　停车领卡标志

（72）车距确认标志（图4-2-211）。

图 4-2-211　车距确认标志

（73）紧急电话标志（图4-2-212）。

图 4-2-212　紧急电话标志

（74）电话位置指示标志（图4-2-213）。

图 4-2-213　电话位置指示标志

（75）救援电话标志（图4-2-214）。

图 4-2-214　救援电话标志

（76）不设电子不停车收费（ETC）车道的收费站预告及收费站标志（图4-2-215）。

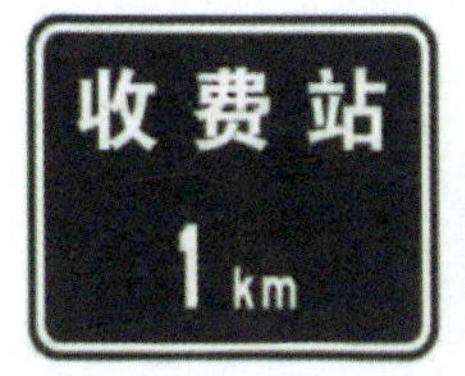

图 4-2-215　不设电子不停车收费（ETC）车道的收费站预告及收费站标志

（77）设有电子不停车收费（ETC）车道的收费站预告及收费站标志（图4-2-216）。

图 4-2-216　设有电子不停车收费（ETC）车道的收费站预告及收费站标志

（78）超限超载检测站标志（图4-2-217）。

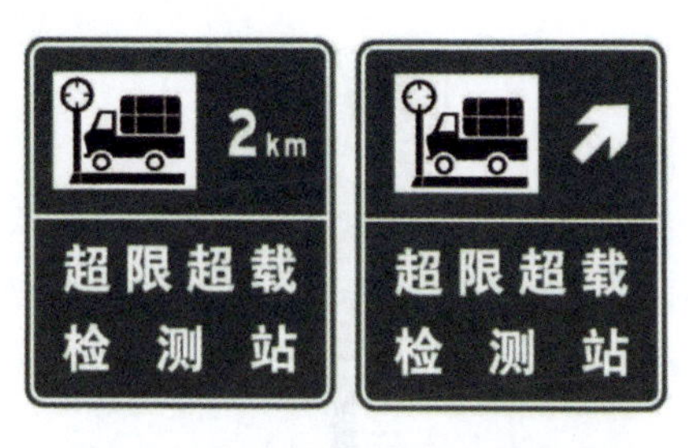

图 4-2-217　超限超载检测站标志

（79）爬坡车道标志（图4-2-218）。

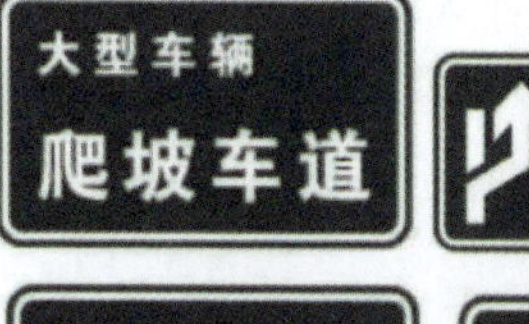

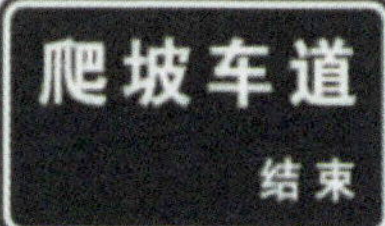

图 4-2-218　爬坡车道标志

（80）计重收费标志（图4-2-219）。

图 4-2-219　计重收费标志

（81）加油站标志（图4-2-220）。

图 4-2-220　加油站标志

（82）紧急停车带标志（图4-2-221）。

图 4-2-221 紧急停车带标志

（83）服务区预告标志（图4-2-222）。

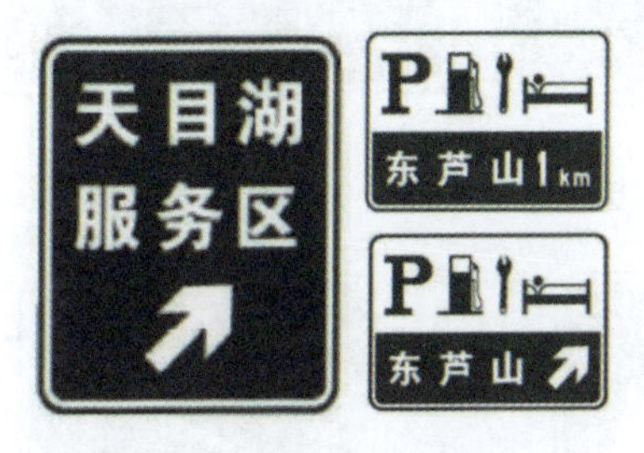

图 4-2-222 服务区预告标志

（84）停车区预告标志（图4-2-223）。

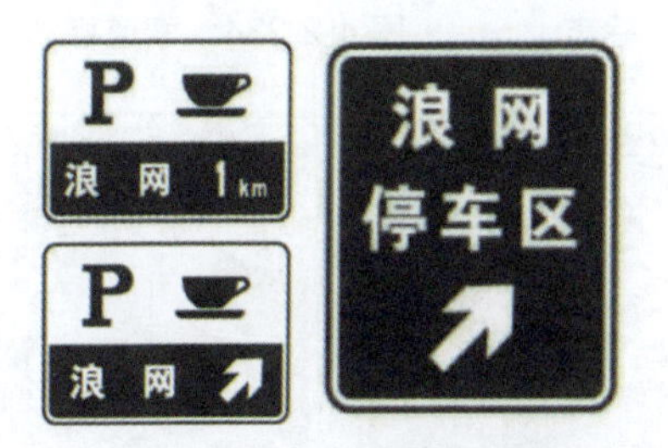

图 4-2-223 停车区预告标志

（85）停车场预告标志（图4-2-224）。

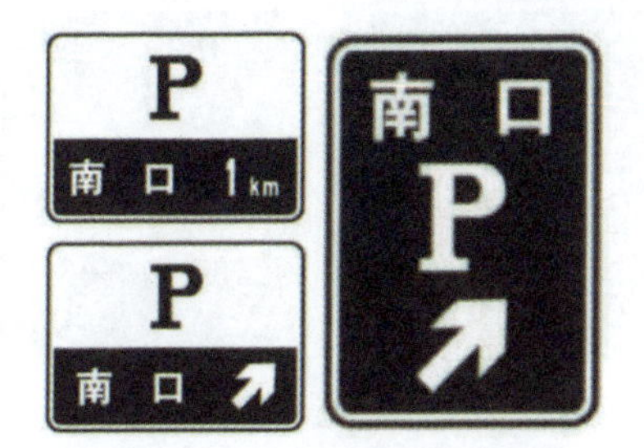

图 4-2-224 停车场预告标志

（86）停车场标志（图4-2-225）。

图 4-2-225 停车场标志

（87）ETC车道指示标志（图4-2-226）。

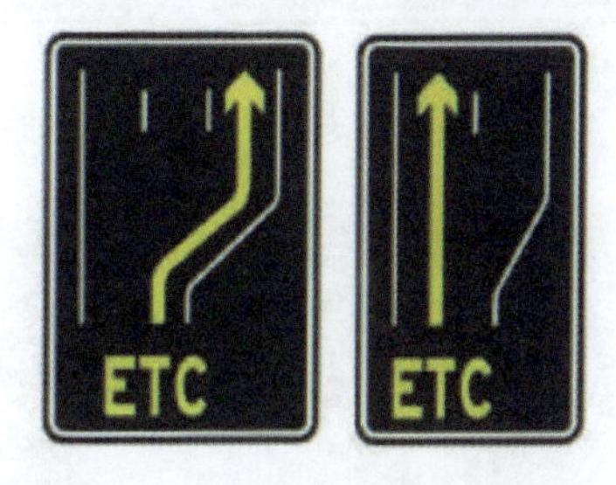

图 4-2-226 ETC 车道指示标志

（88）设置在指路标志版面中的方向标志（图4-2-227）。

图 4-2-227 设置在指路标志版面中的方向标志

（89）设置在指路标志版面外的方向标志（图4-2-228）。

图 4-2-228 设置在指路标志版面外的方向标志

4.2.5 旅游区标志

旅游区标志是提供旅游景点方向、距离的标志。颜色为棕色底、白色字符图案；形状为长方形和正方形。旅游区标志又可分为指引标志和旅游符号两大类，设置在需要指示旅游景点方向、距离的路段或交叉口附近（图4-2-229～图4-2-246）。

图 4-2-229
旅游区距离标志

图 4-2-230
旅游区方向标志

图 4-2-231
旅游区方向标志

图 4-2-232 问讯处标志

图 4-2-233 徒步标志

图 4-2-234 索道标志

图 4-2-235
野营地标志

图 4-2-236
营火标志

图 4-2-237
游戏场标志

图 4-2-238
骑马标志

图 4-2-239
钓鱼标志

图 4-2-240
高尔夫球标志

图 4-2-241
潜水标志

图 4-2-242
游泳标志

图 4-2-243
划船标志

图 4-2-244
冬季游览区标志

图 4-2-245
滑雪标志

图 4-2-246
滑冰标志

4.2.6 道路施工安全标志

道路施工安全标志用于通告道路施工区通行，以提醒车辆驾驶人和行人注意（表4-2-1）。其中，道路施工区标志共有20种，用以通告高速公路及一般道路交通阻断、绕行等情况。设在道路施工、养护等路段前适当位置。

表 4-2-1 道路施工安全标志

施工路栏	施工路栏	
锥形交通标	锥形交通标	道口标柱
前方施工	前方施工	道路施工
道路封闭	道路封闭	道路封闭
右道封闭	右道封闭	右道封闭
左道封闭	左道封闭	左道封闭

续表

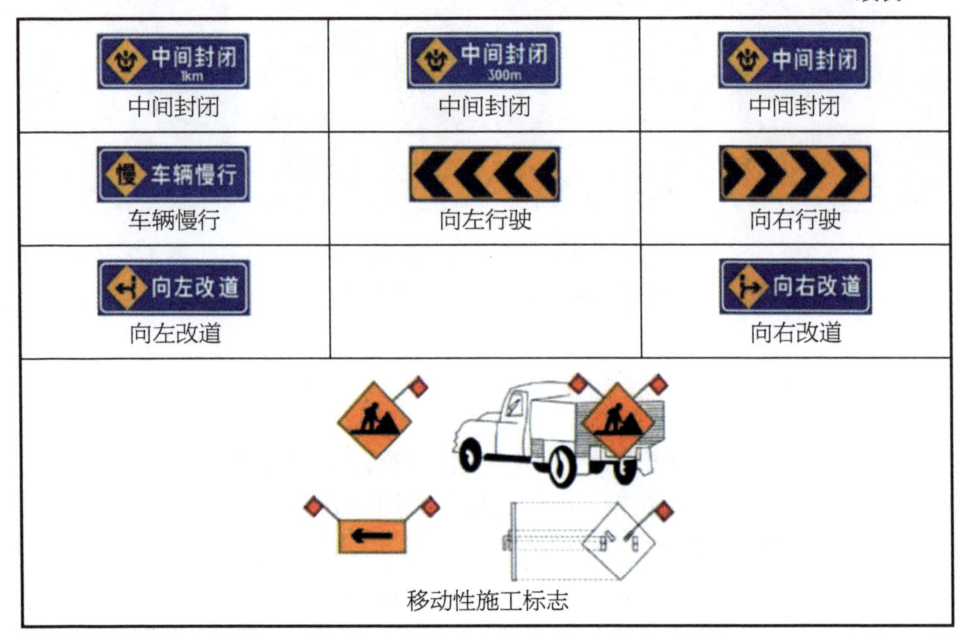

中间封闭	中间封闭	中间封闭
车辆慢行	向左行驶	向右行驶
向左改道		向右改道
移动性施工标志		

4.2.7 辅助标志

辅助标志是在主标志无法完整表达或指示其内容时，为维护行车安全与交通畅通而设置的标志，为白底、黑字、黑边框，形状为长方形，附设在主标志下，起辅助说明作用（图4-2-247 ~图4-2-275）。

7:30-10:00

图 4-2-247　时间范围标志

7:30-9:30
16:00-18:30

图 4-2-248　时间范围标志

除公共
汽车外

图 4-2-249　除公共汽车外

图 4-2-250　机动车

图 4-2-251　货车标志

货车
拖拉机

图 4-2-252　货车拖拉机

私人专属

图 4-2-253　私人专属标志

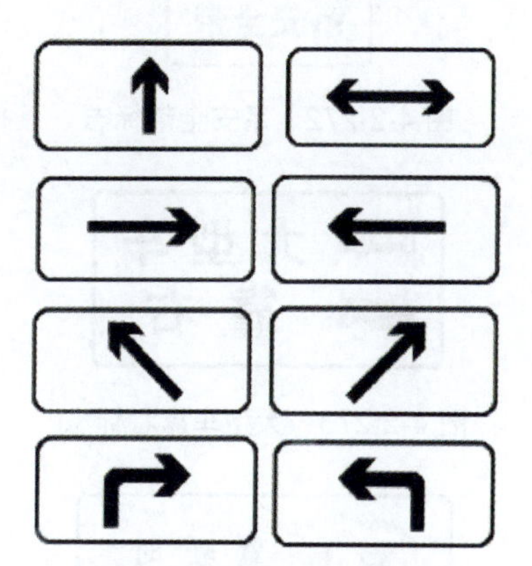

图 4-2-254　行驶方向标志

200m

图 4-2-255　向前 200 米标志

图 4-2-256　向左 100 米标志

图 4-2-257　向左、向右各 50 米标志

图 4-2-258　向右 100 米标志

二环路
区域内

图 4-2-259　某区域内标志

200m

图 4-2-260　距离某地 200 米标志

图 4-2-261　学校标志

图 4-2-262　海关标志

图 4-2-263　事故标志

塌方

图 4-2-264　塌方标志

教练路线

图 4-2-265　教练车行驶路线标志

100m
7:30 - 18:30

图 4-2-266　组合辅助标志

校车停靠站点

图 4-2-267　校车停靠点标志

图 4-2-268 严禁酒后驾车标志

图 4-2-269 严禁乱扔弃物标志

图 4-2-270 急弯减速慢行标志

图 4-2-271 急弯下坡减速慢行标志

图 4-2-272 系安全带标志

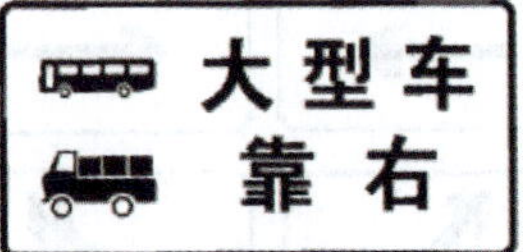

图 4-2-273 大型车靠右标志

图 4-2-274 驾驶时禁用手机标志

图 4-2-275 校车停靠站点标志

4.3 交通标线

4.3.1 禁止标线

禁止标线如图 4-3-1 ～图 4-3-29 所示。

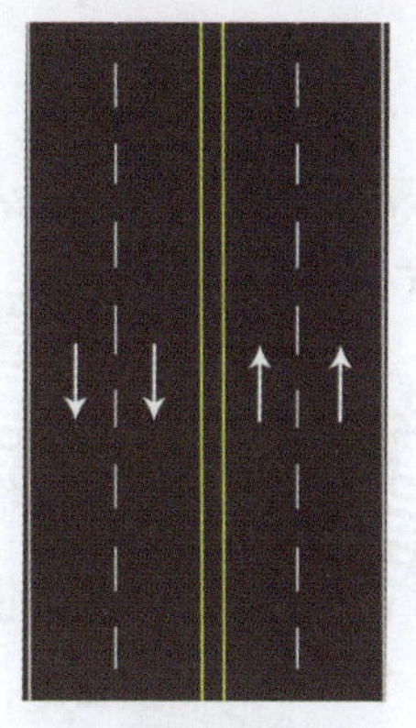

图 4-3-1 双黄实线
（禁止跨越对向车行道分界线）

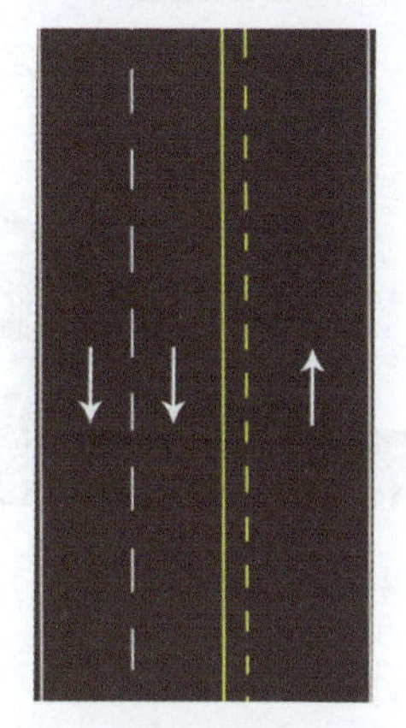

图 4-3-2 黄色虚实线（禁止跨越对向车行道分界线）

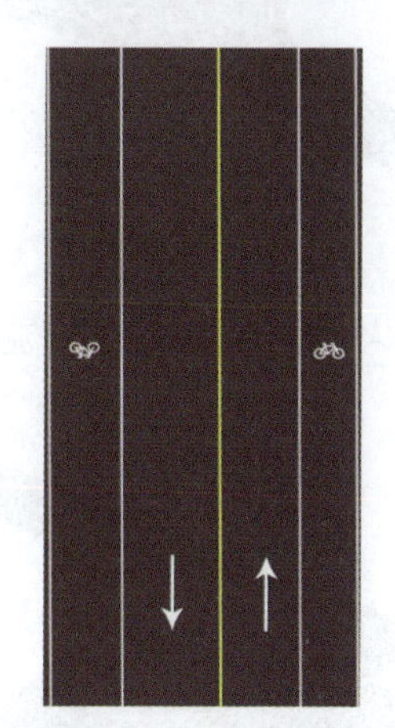

图 4-3-3 黄色单实线
（禁止跨越对向车行道分界线）

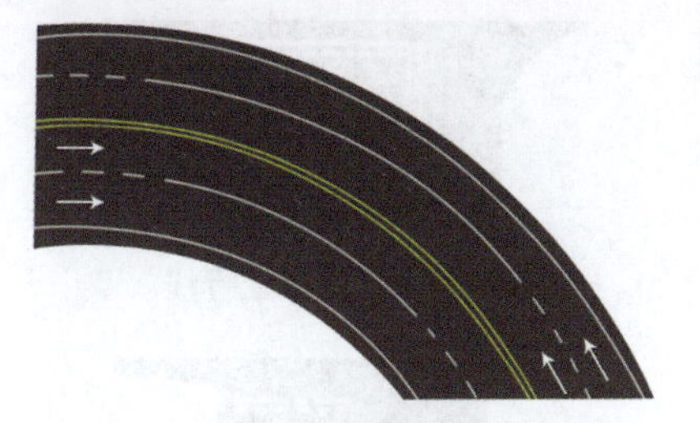

图 4-3-4 禁止跨越同向车行道分界线

图 4-3-5 禁止长时停车线

图 4-3-6 禁止停车线

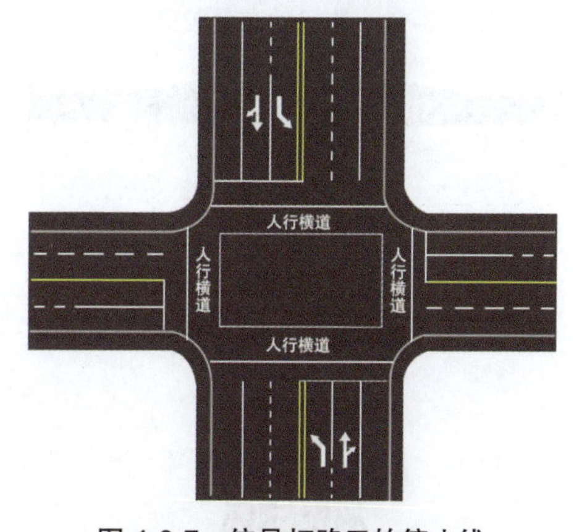

图 4-3-7 信号灯路口的停止线

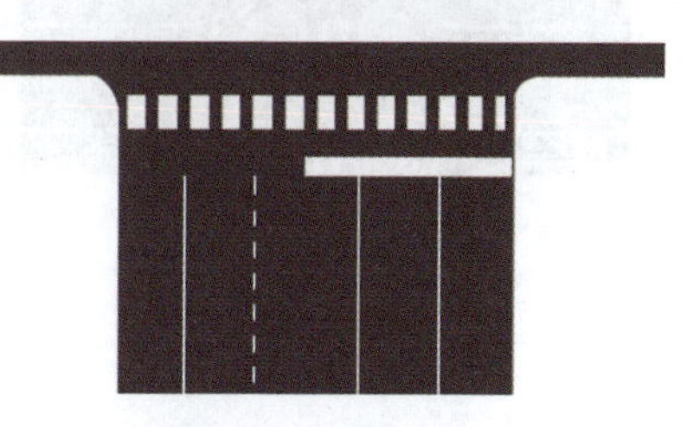

图 4-3-8 停止线

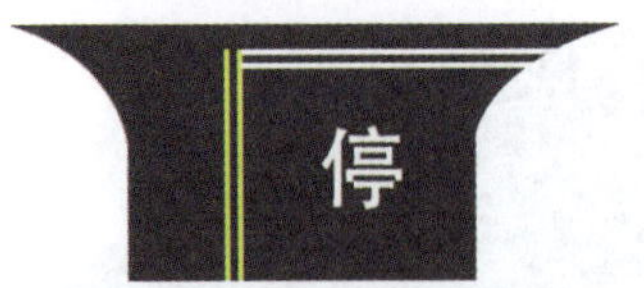

图 4-3-9 停车让行线

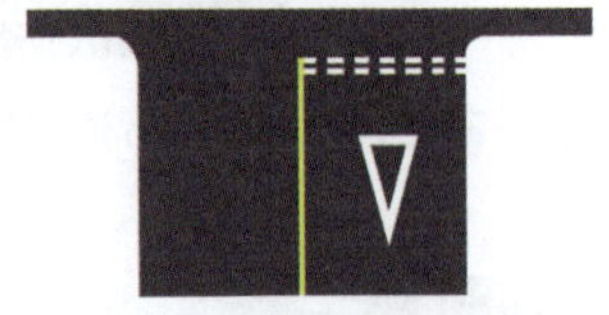

图 4-3-10 减速让行线

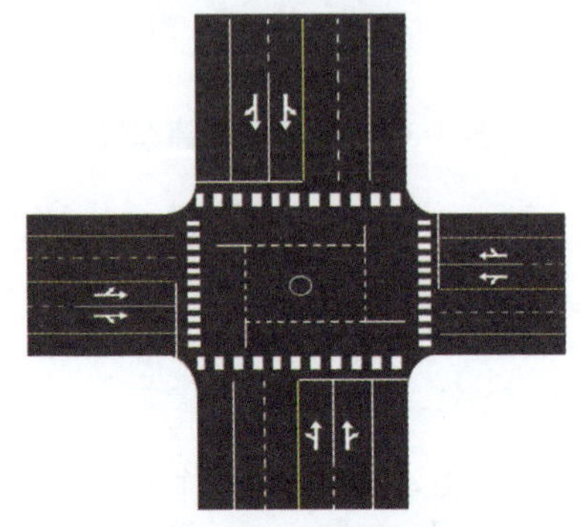

图 4-3-11 非机动车禁驶区标线

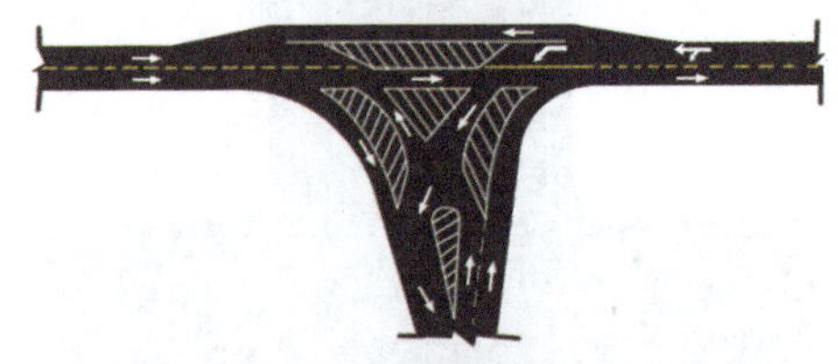

图 4-3-12 复杂行驶条件丁字路口导流线

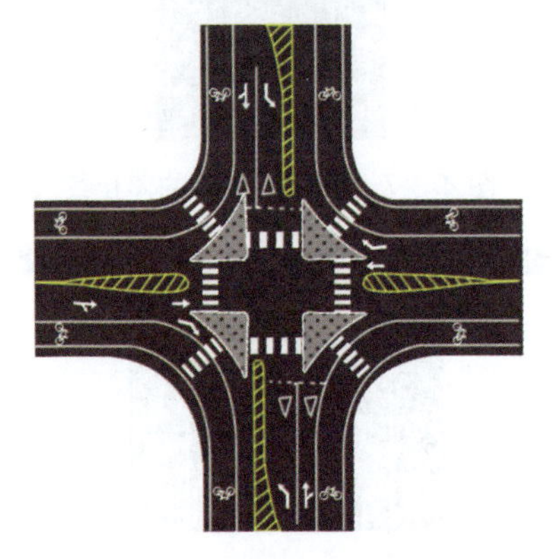

图 4-3-13 十字交叉口导流线设置示例

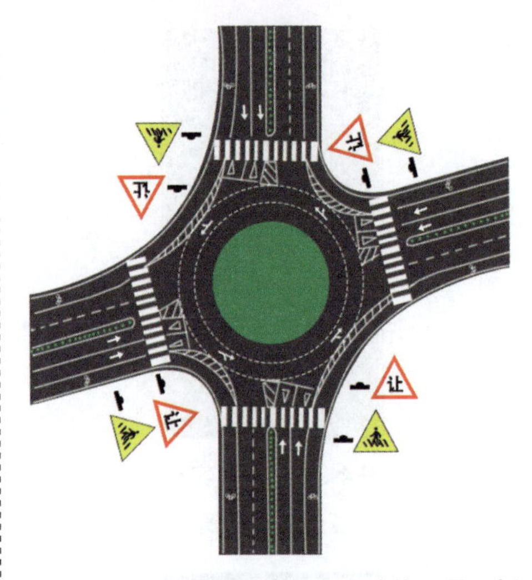

图 4-3-14 平面环形交叉口导流线设置示例

图 4-3-15 斜交丁字路口导流线

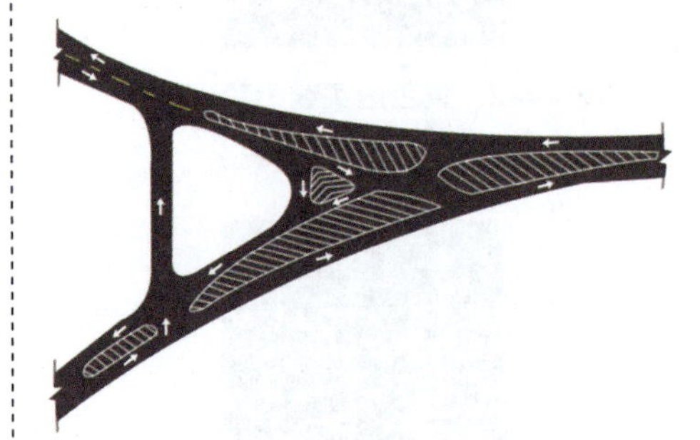

图 4-3-16 不规划路口导流线

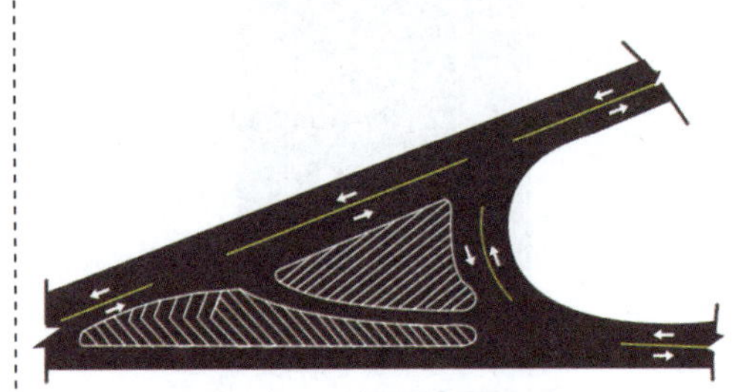

图 4-3-17 Y 形路口导流线

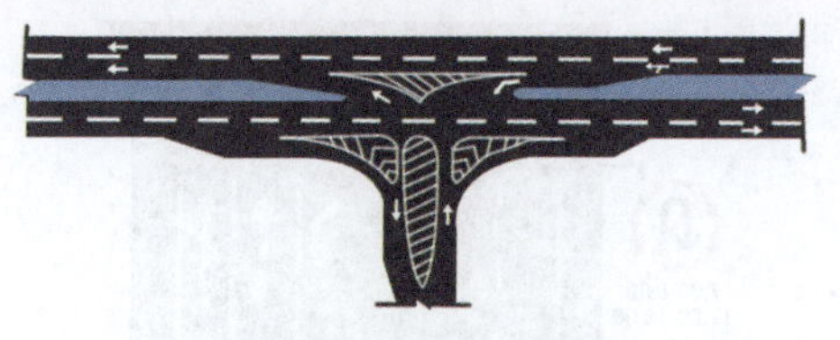

图 4-3-18　支路口主干道相交路口导流线

图 4-3-19　圆形中心圈

图 4-3-20　菱形中心圈

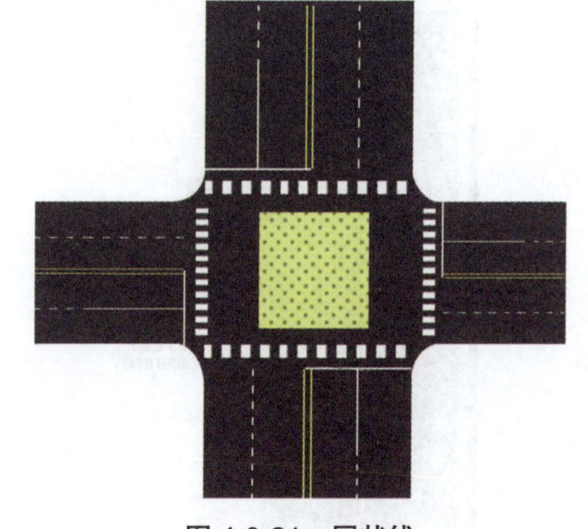

图 4-3-21　网状线

图 4-3-22　简化网状线

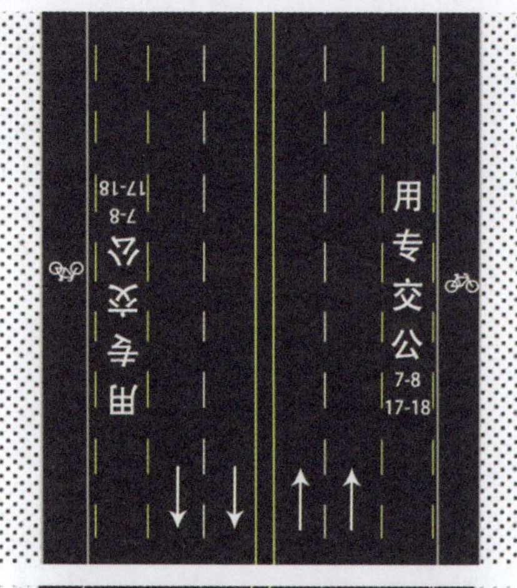

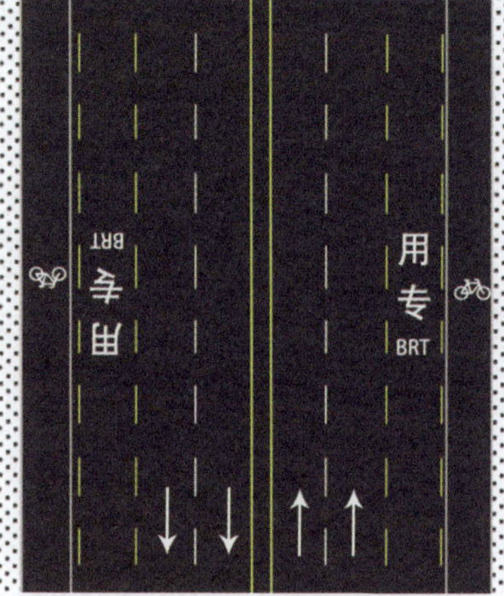

图 4-3-23　公交专用车道线

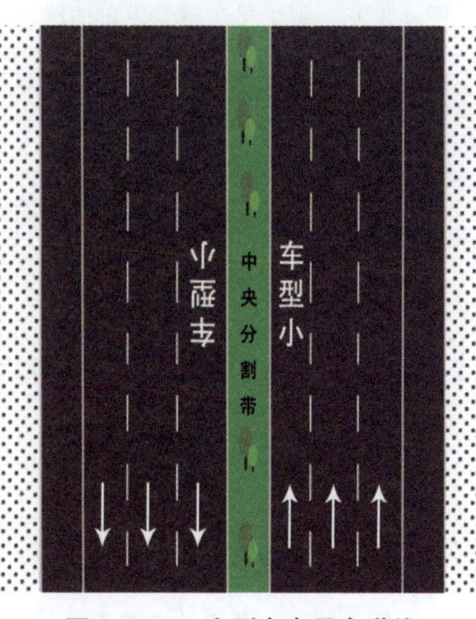

图 4-3-24　小型车专用车道线

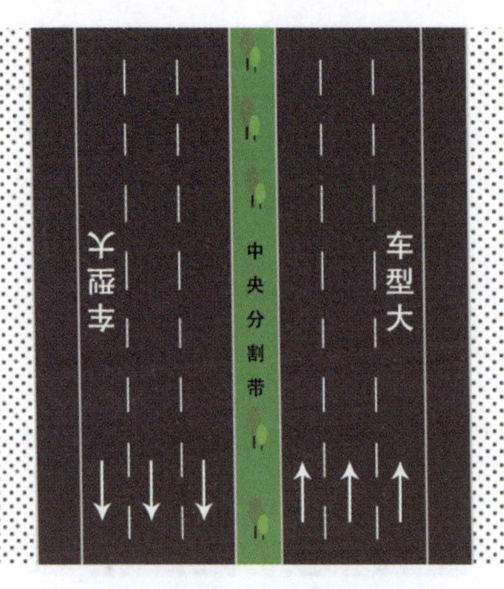

图 4-3-25　大型车道线

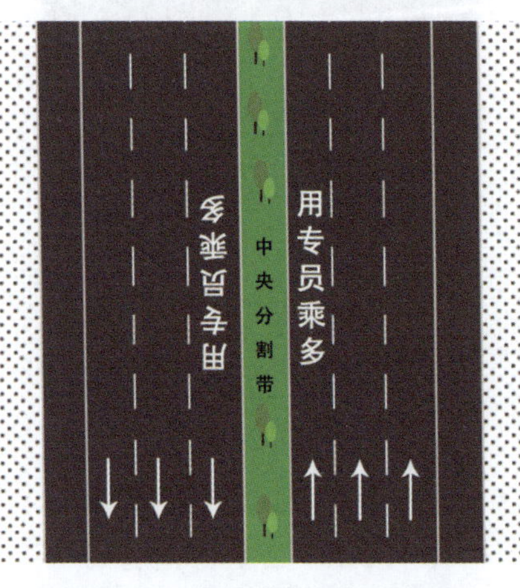

图 4-3-26　多乘员车辆专用车道线

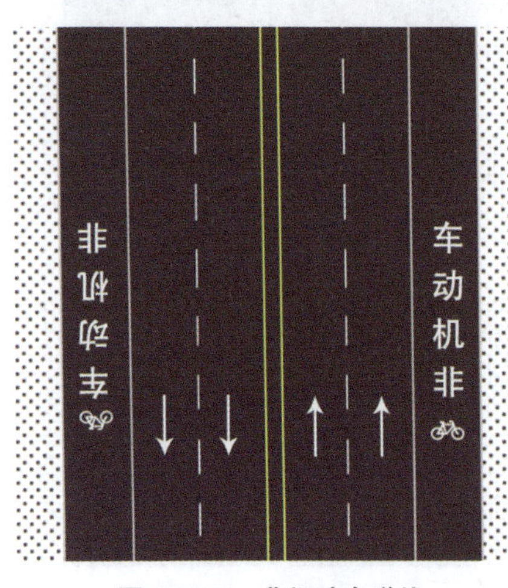

图 4-3-27　非机动车道线

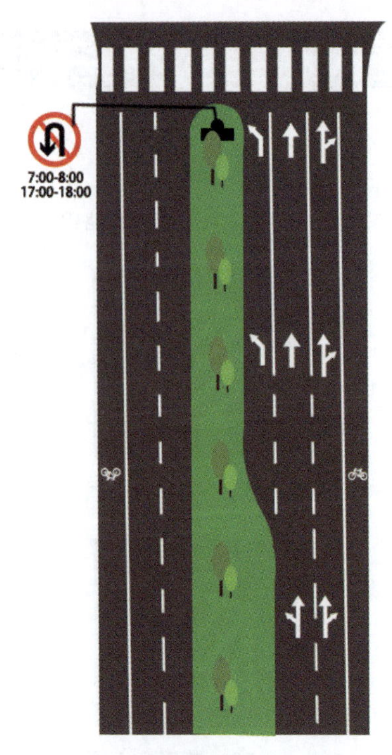

图 4-3-28　禁止掉头标记

图 4-3-29　禁止转弯标记

4.3.2 警告标线

警告标线是促使机动车驾驶人和行人了解道路变化的情况，提高警觉，准确防范，及时采取应变措施的标线，如图4-3-30 ～图4-3-45所示。

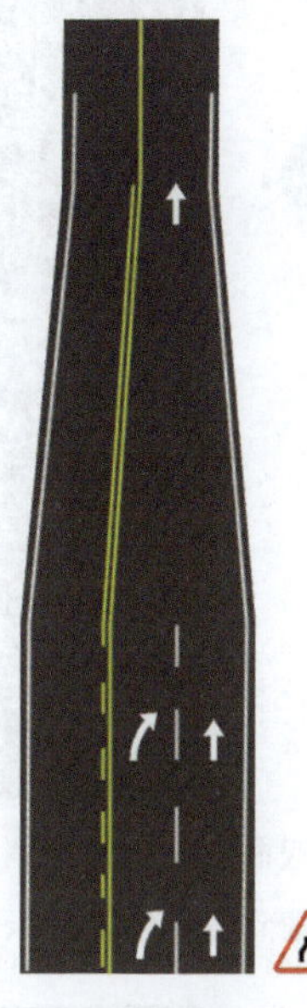

图 4-3-30 三车行道变为双车行道渐变段标线设置示例

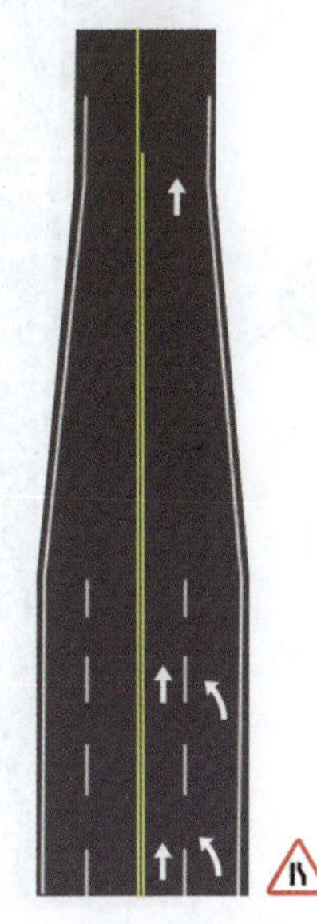

图 4-3-31 四车行道变为双车行道渐变段标线设置示例

图 4-3-32 四车行道变为三车行道渐变段标线设置示例

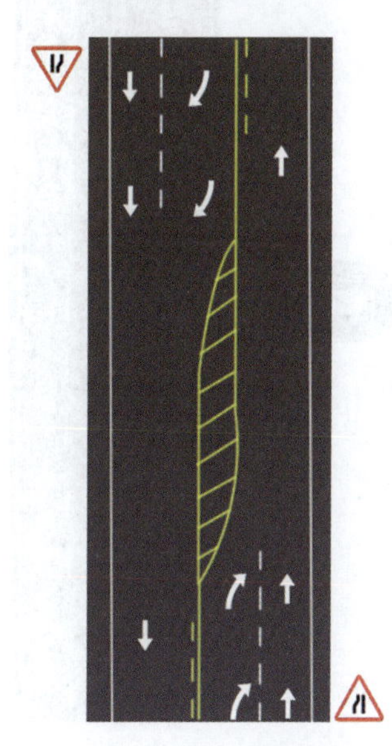

图 4-3-33 三车行道道路填充线渐变段标线设置示例

图 4-3-34　两车行道变为四车行道填充线渐变段标线设置示例

图 4-3-36　双向两车行道道路接近道路中心障碍物标线设置示例

图 4-3-35　双向四车行道道路接近道路中心障碍物标线设置示例

图 4-3-37　接近车行道中障碍物标线设置示例

图 4-3-38　接近实体中央分隔带标线设置示例

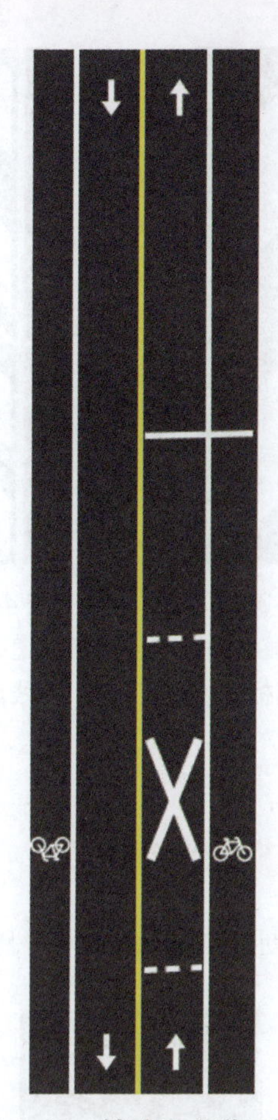

图 4-3-40　铁路平交道口标线

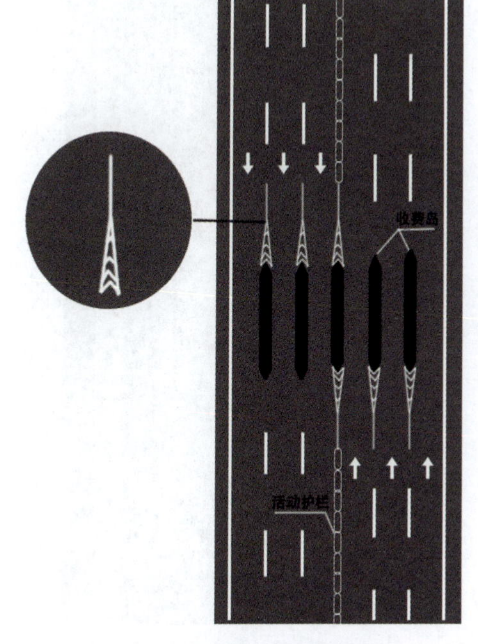

图 4-3-39　收费岛地面标线

图 4-3-41　收费广场减速标线

图 4-3-42　车行道横向减速标线

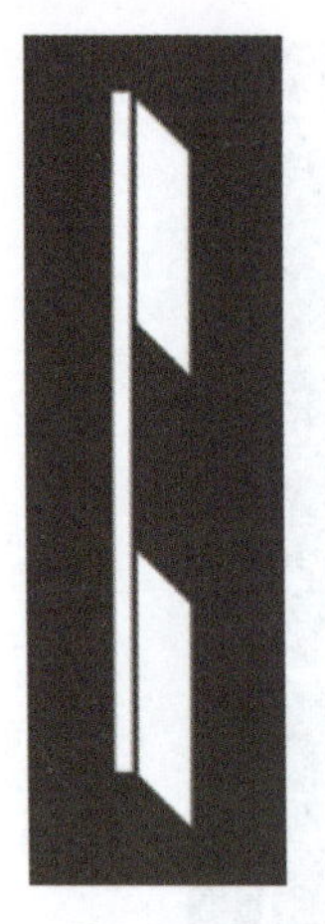

图 4-3-43
车行道纵向
减速标线

图 4-3-44
车行道纵向减速
标线渐变段

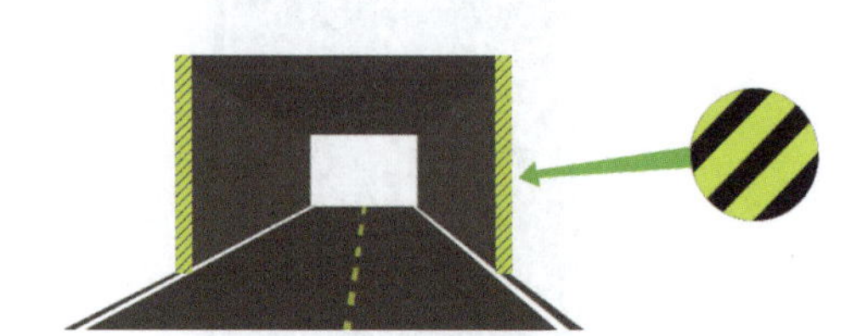

图 4-3-45
立面标记

4.3.3 指示标线

指示标线如图4-3-46 ~图4-3-93所示。

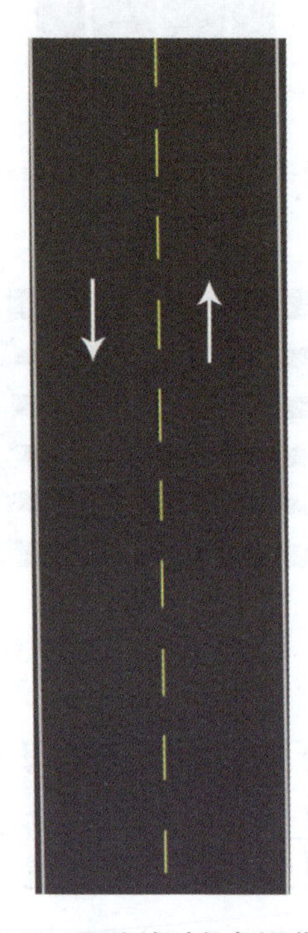

图 4-3-46 可跨越对向车行道分界线

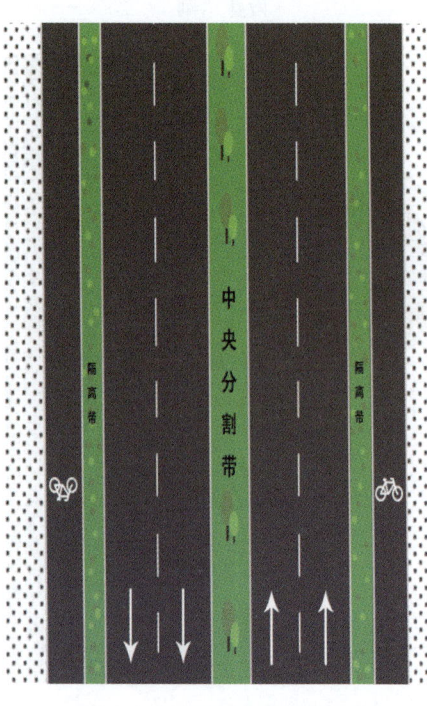

图 4-3-47 可跨越同向车行道分界线

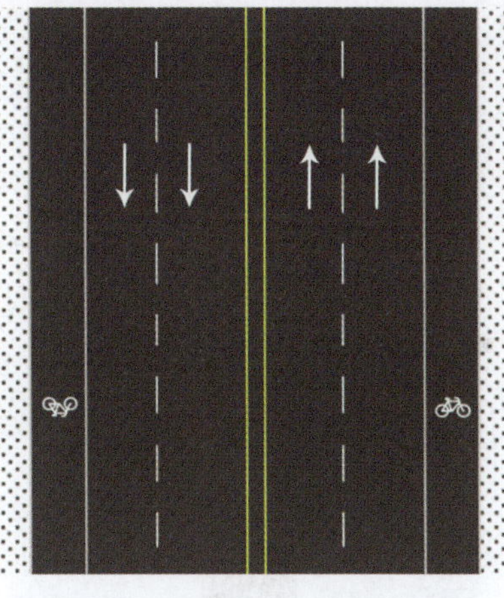

图 4-3-48　可跨越同向车行道分界线

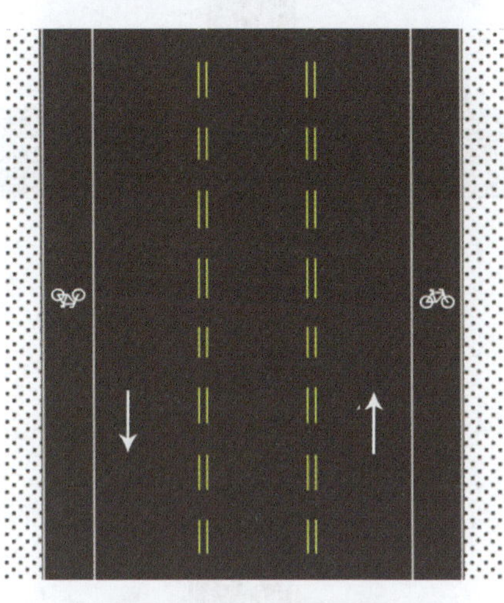

图 4-3-49　潮汐车道线

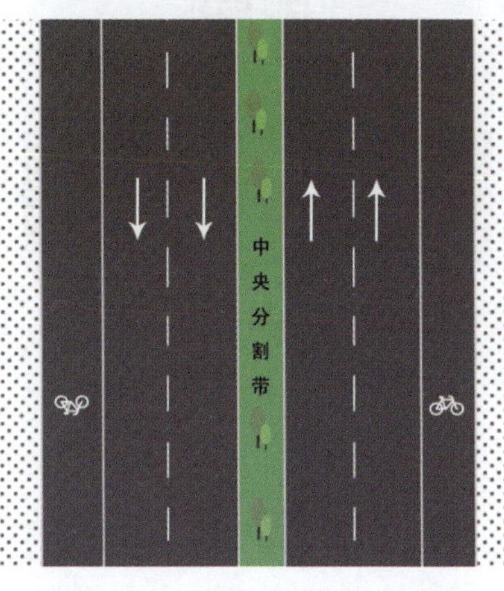

图 4-3-50　车行道边缘白色实线

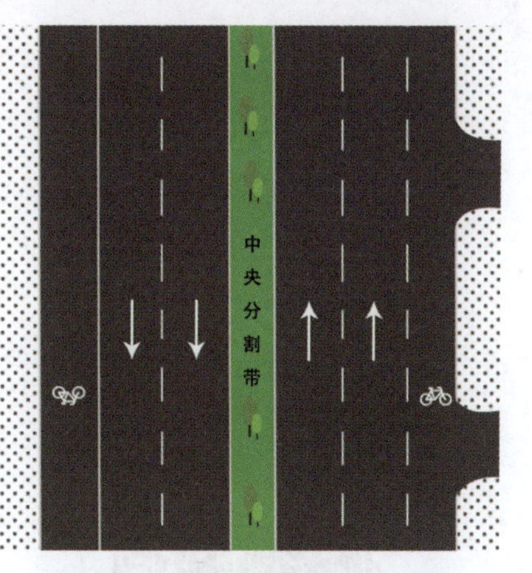

图 4-3-51　车行道边缘白色虚线

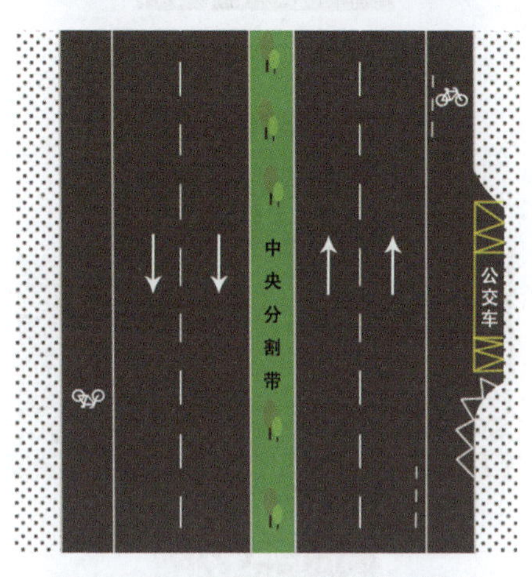

图 4-3-52　车行道边缘白色虚实线

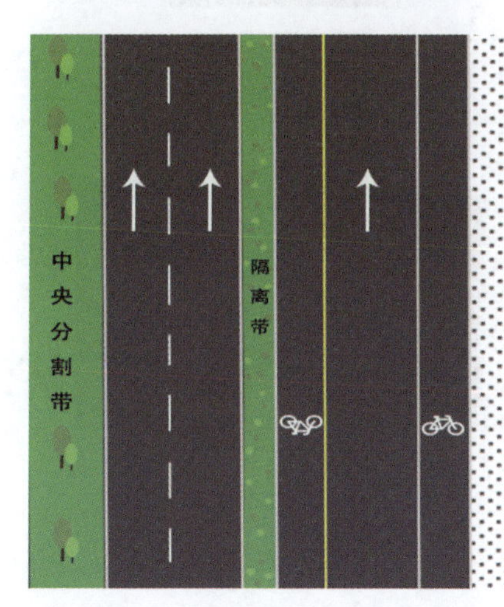

图 4-3-53　黄色单实线车行道边缘线

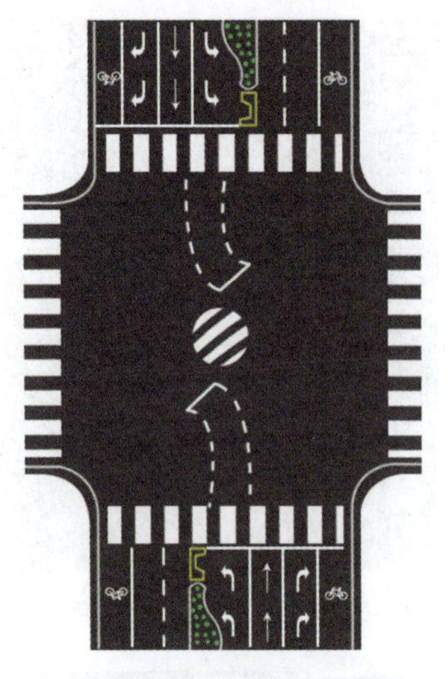

图 4-3-54 左弯待转区线

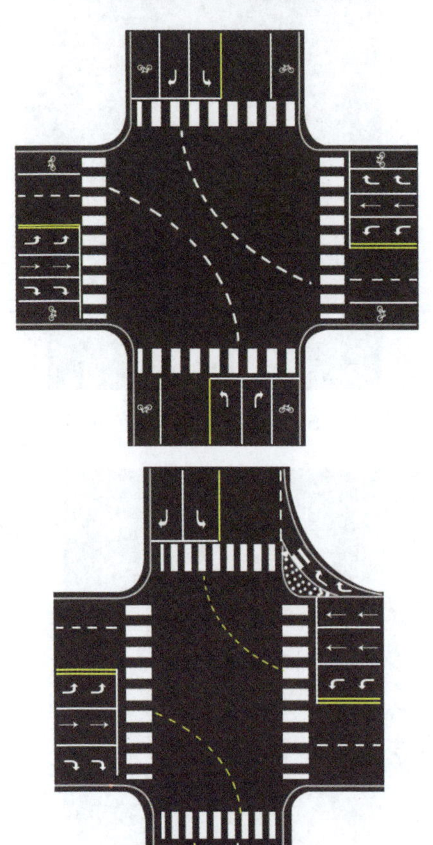

图 4-3-55 路口导向线

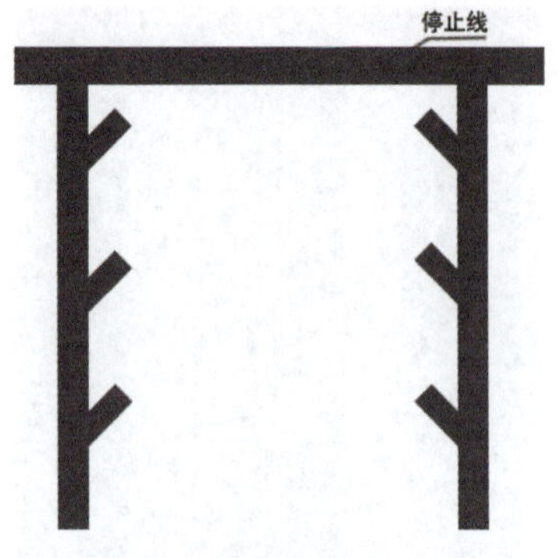

图 4-3-56 导向车道线

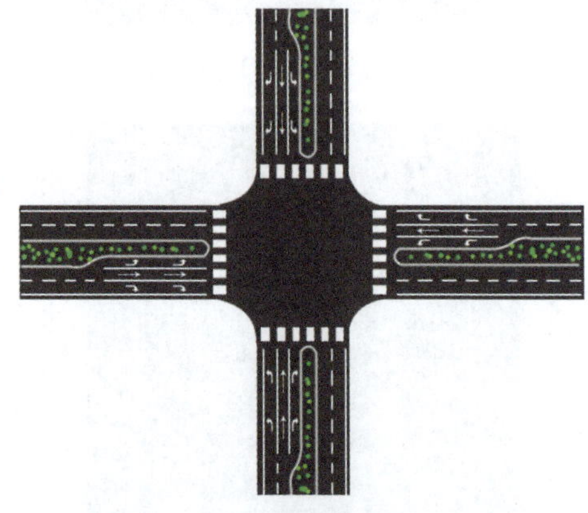

图 4-3-57 与道路中心线垂直的人行横道线

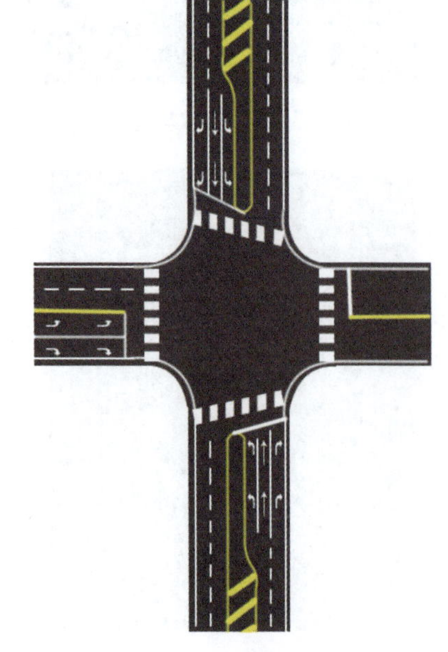

图 4-3-58 与道路中心线斜交的人行横道线

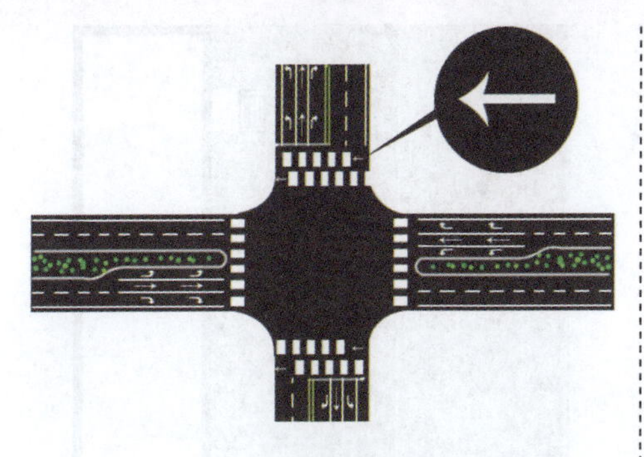

图 4-3-59 行人左右分道的人行横道线

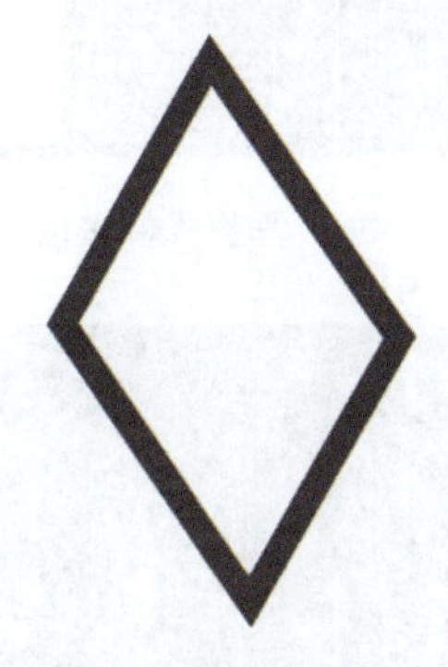

图 4-3-60 人行横道预告标识线

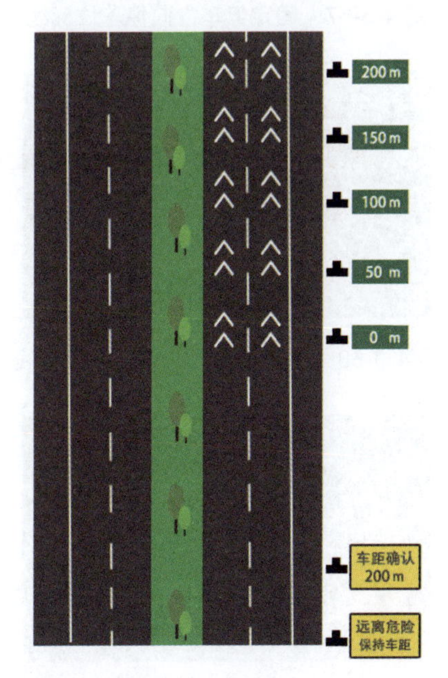

图 4-3-61 白色折线车距确认线

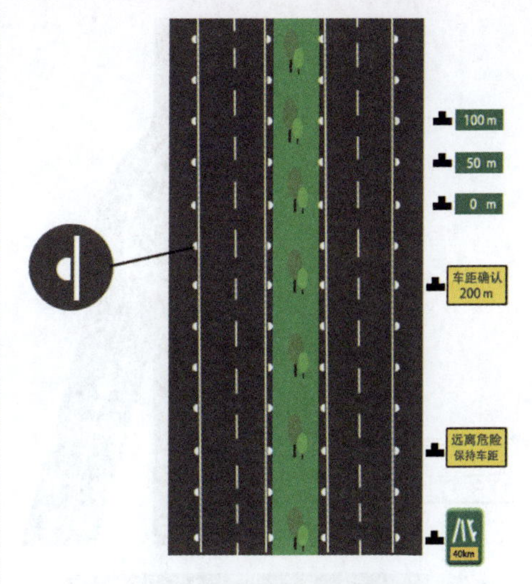

图 4-3-62 白色半圆状车距确认线

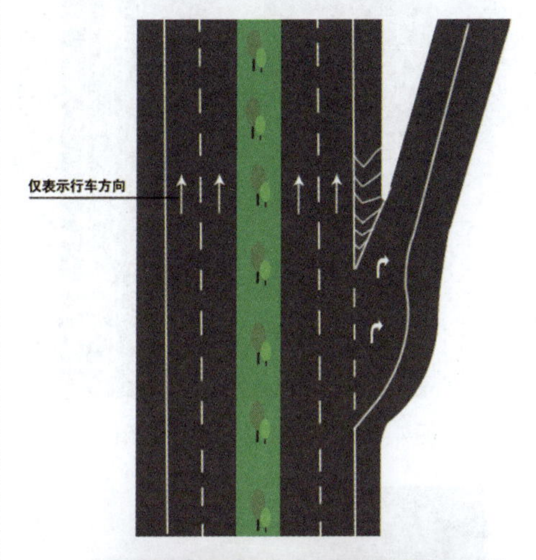

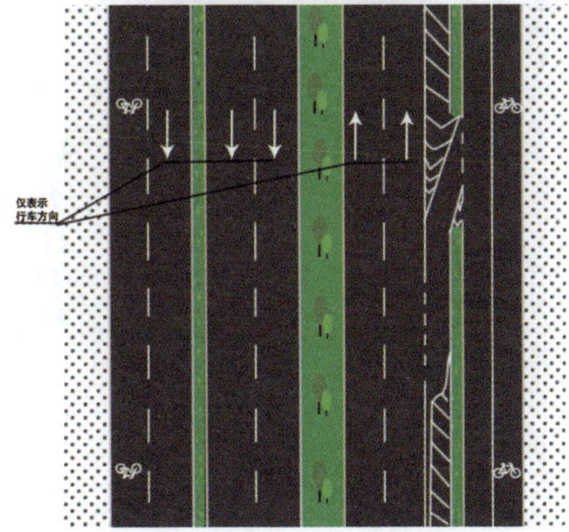

图 4-3-63 出口标线设置示例

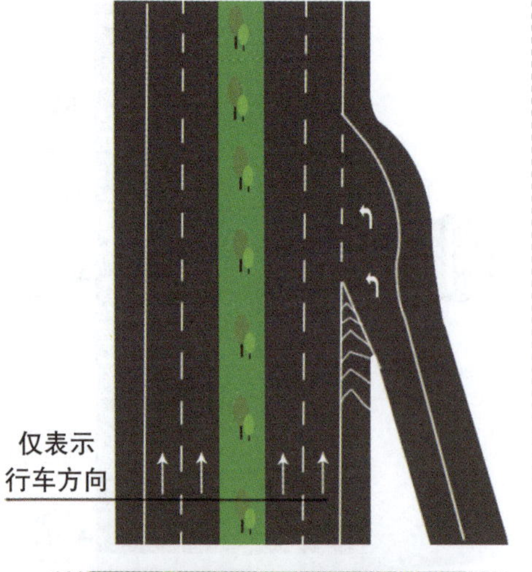

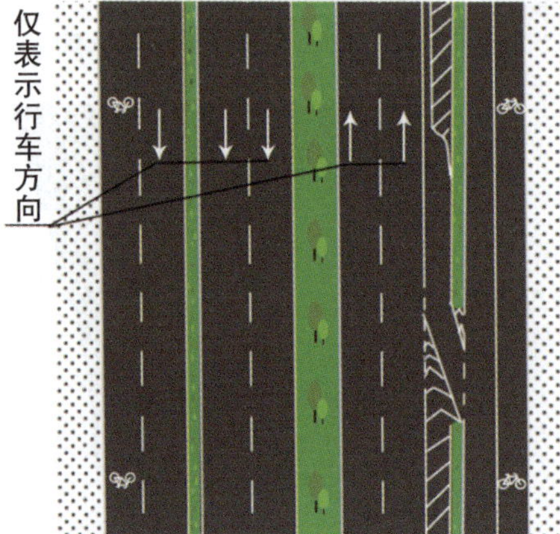

图 4-3-64　入口标线设置示例

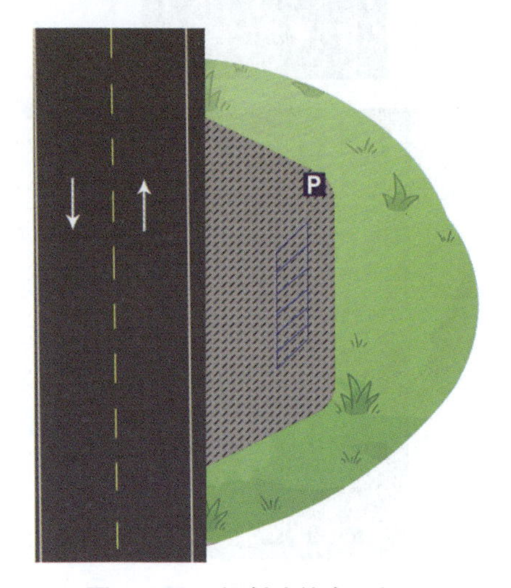

图 4-3-65　倾斜式停车位标线

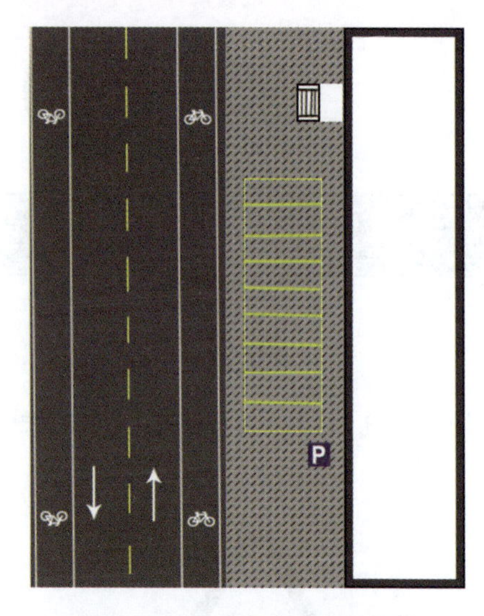

图 4-3-66　垂直式停车位标线

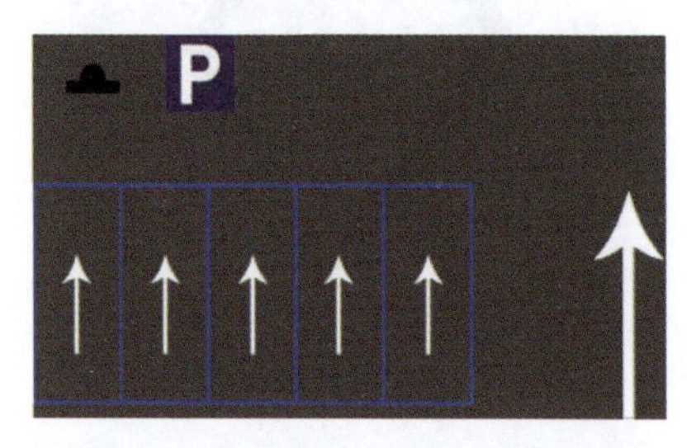

图 4-3-67　固定停车方向停车位标线

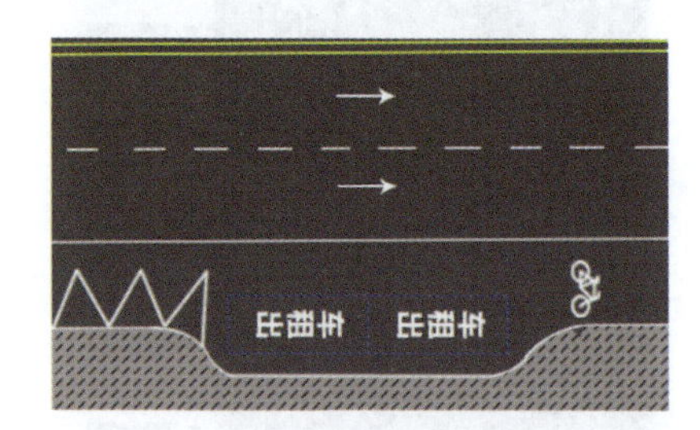

图 4-3-68　出租车专用待客停车位标线

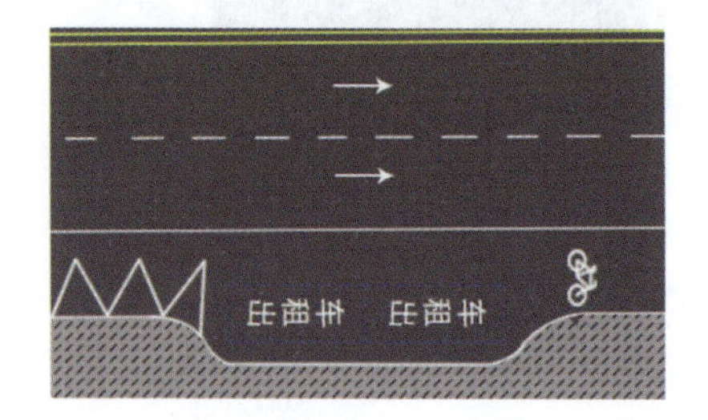

图 4-3-69　出租车专用上下客停车位标线

图 4-3-70 残疾人专用停车位标线

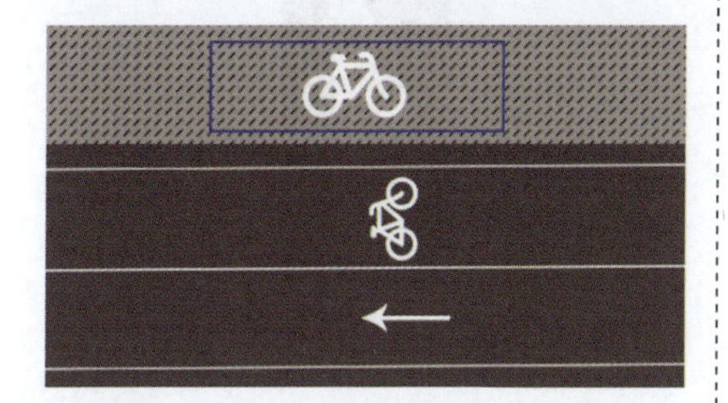

图 4-3-71 非机动车停车位标线

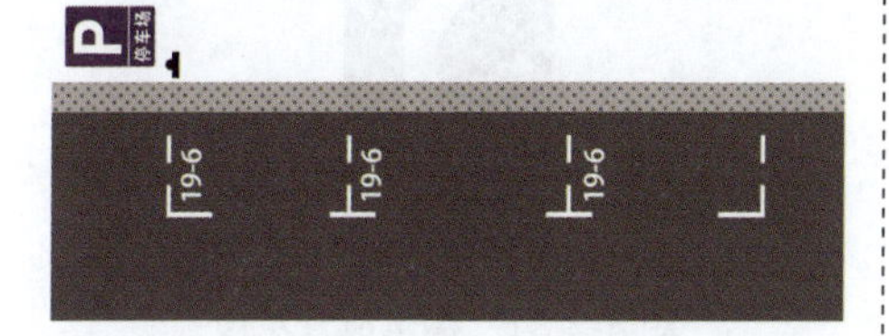

图 4-3-72 平行式机动车限时停车位标线

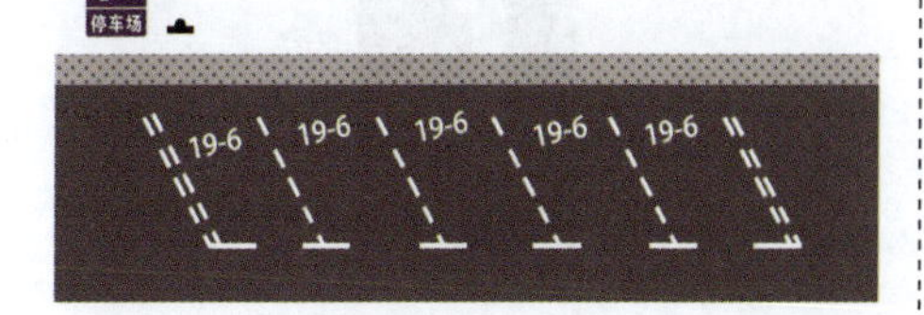

图 4-3-73 倾斜式机动车限时停车位标线

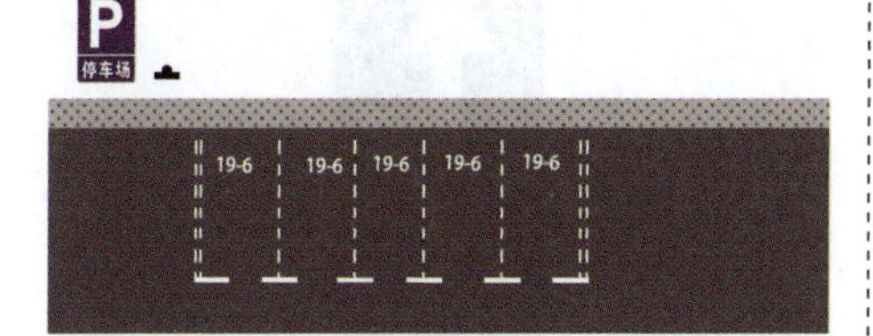

图 4-3-74 垂直式机动车限时停车位标线

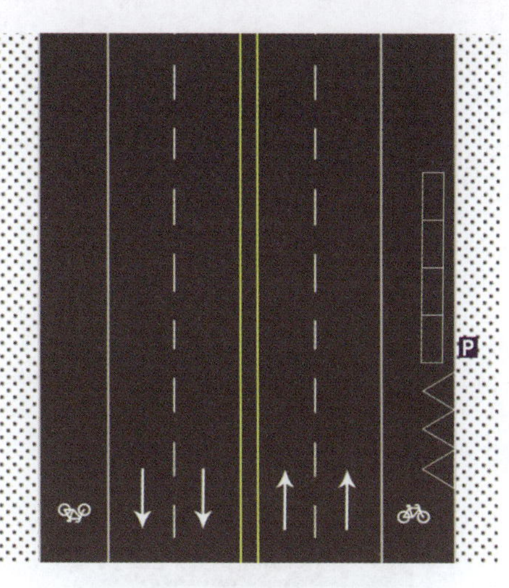

图 4-3-75 平行式停车位标线

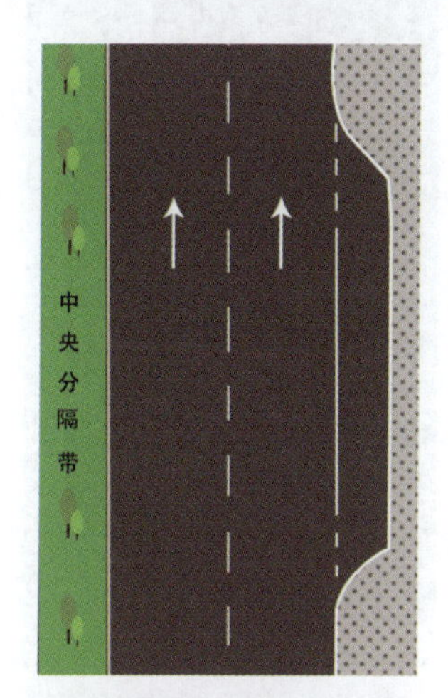

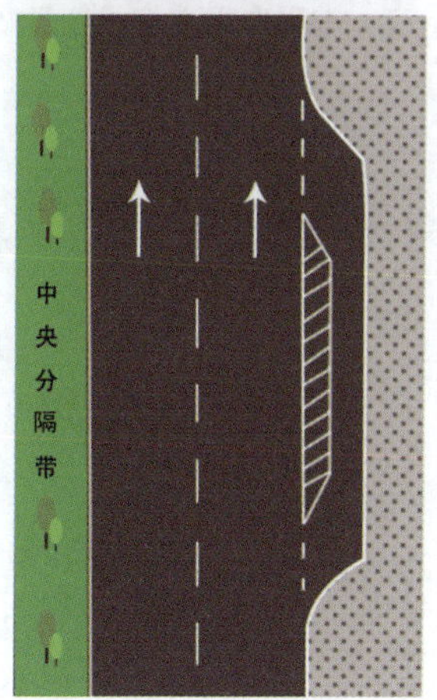

图 4-3-76 港湾式停靠站标线

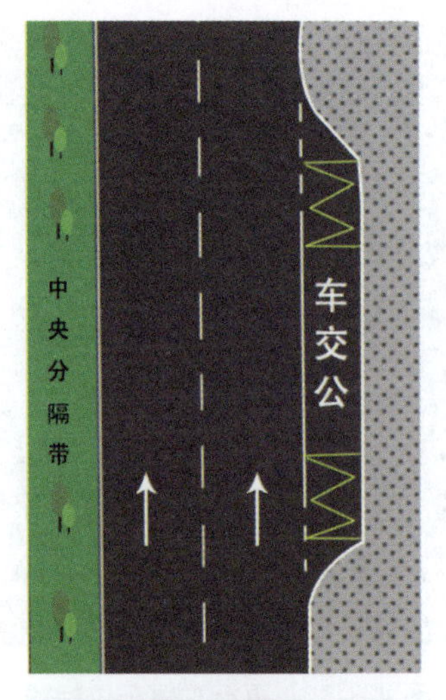

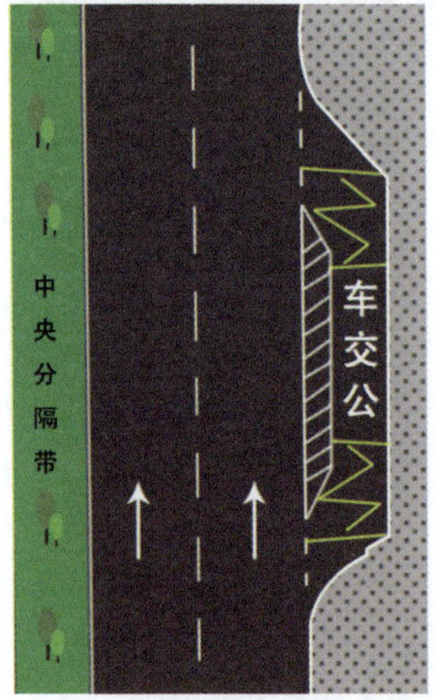

图 4-3-77 车种专用港湾式停靠站标线

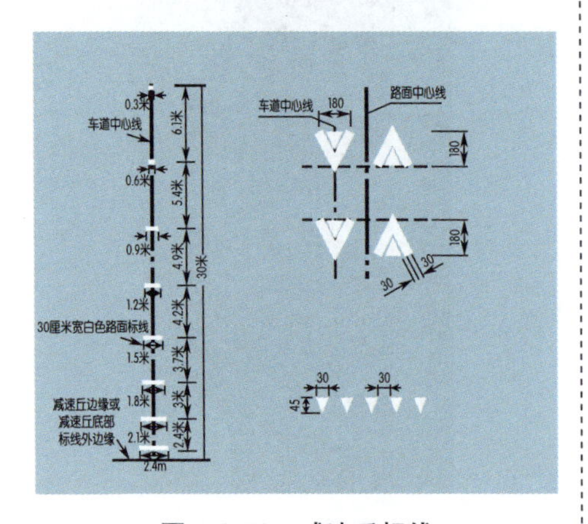

图 4-3-78 减速丘标线

图 4-3-79 指示直行

图 4-3-80 指示前方可直行或左转

图 4-3-81 指示前方左转

图 4-3-82 指示前方右转

图 4-3-83 指示前方可直行或右转

图 4-3-84 指示前方掉头

图 4-3-85 指示前方可直行或掉头

图 4-3-86 指示前方可左转或掉头

图 4-3-87 指示前方道路仅可左右转弯

图 4-3-88 提示前方道路有左弯或需向左合流

图 4-3-89 提示前方道路有右弯或需向右合流

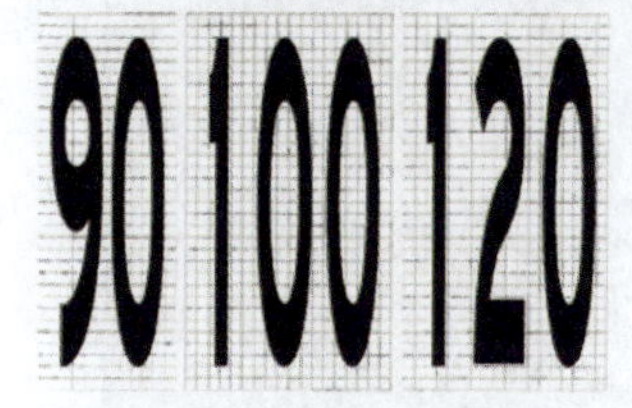

图 4-3-90 路面限速标记字符

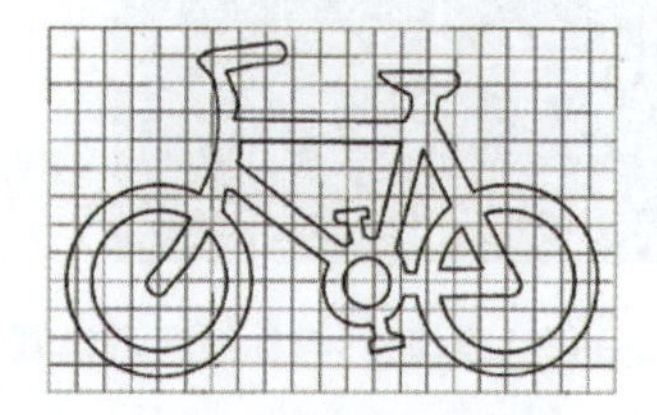

图 4-3-91 非机动车道路面标记

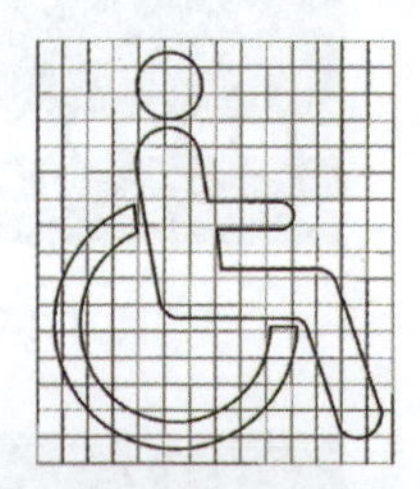

图 4-3-92 残疾人专用停车位路面标记

图 4-3-93 注意前方路面状况标记

4.3.4 其他标线

其他标线如图4-3-94 ~图4-3-98所示。

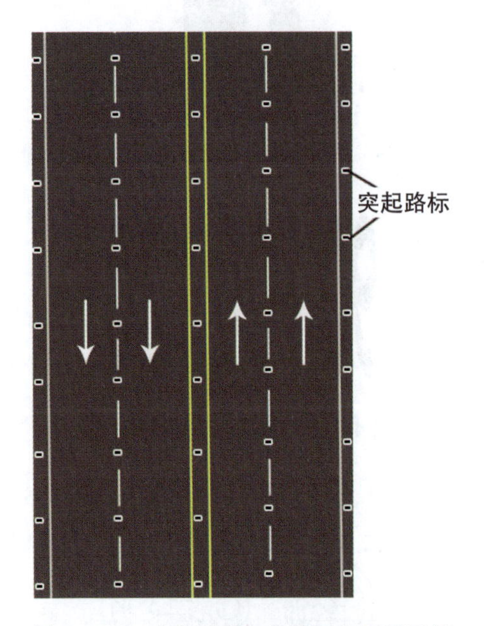

图 4-3-94 突起路标与标线配合设置示例

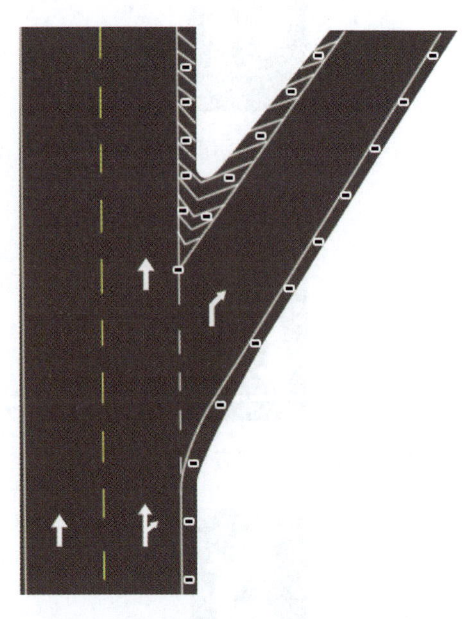

图 4-3-95 出口匝道突起路标布设示例

图 4-3-96 突起路标组成的虚线标线示例

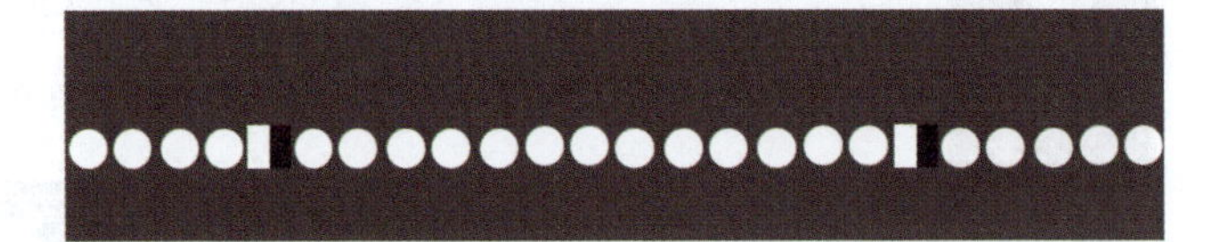

图 4-3-97 突起路标组成的单实线示例

图 4-3-98 突起路标组成的双实线示例

4.4 交通警察指挥手势

下面是2020年交通警察指挥手势信号，主要有停止信号、直行信号、左转弯信号、左转弯待转信号、右转弯信号、变道信号、减速慢行信号、示意车辆靠边停车信号。

扫一扫
看动画视频

4.4.1 停止信号

停止信号表示不准前方车辆通行。

（1）左臂由前向上直伸与身体成135度，掌心向前与身体平行，五指并拢，面部及目光平视前方（图4-4-1）。

（2）左臂垂直放下，恢复立正姿势（图4-4-2）。

（a）侧面

（b）正面

图4-4-1 停止信号（一）

图4-4-2 停止信号（二）

4.4.2 直行信号

直行信号表示准许右方直行的车辆通行。

（1）左臂向左平伸与身体成90度，掌心向前，五指并拢，面部及目光同时转向左方45度（图4-4-3）。

（2）右臂向右平伸与身体成90度，掌心向前，五指并拢，面部及目光同时转向右方45度（图4-4-4）。

图 4-4-3　直行信号（一）

图 4-4-4　直行信号（二）

（3）右臂水平向左摆动与身体成90度，小臂弯曲至与大臂成90度，掌心向内与左胸衣兜相对，小臂与前胸平行，面部及目光同时转向左方45度（图4-4-5）。

（4）右大臂不动，右小臂水平向右摆动与身体成90度，掌心向左，五指并拢（图4-4-6）。

图 4-4-5　直行信号（三）

图 4-4-6　直行信号（四）

（5）右小臂弯曲至与大臂成90度，掌心向内与左胸衣兜相对，与前胸平行，完成第二次摆动（图4-4-7）。

（6）收右臂（图4-4-8）。

（7）收左臂，面部及目光转向前方，恢复立正姿势（图4-4-9）。

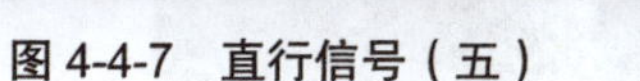

图4-4-7 直行信号（五）

图4-4-8 直行信号（六）

图4-4-9 直行信号（七）

4.4.3 左转弯信号

左转弯信号表示准许车辆左转弯，在不妨碍被放车辆通行的情况下可以掉头。

（1）右臂向前平伸与身体成90度，掌心向前，手掌与手臂夹角不低于60度，五指并拢，面部及目光同时转向左方45度（图4-4-10）。

（a）正面

（b）侧面

图4-4-10 左转弯信号（一）

（2）左臂与手掌平直向右前方摆动，手臂与身体成45度，掌心向右，中指尖至上衣中缝，高度至上衣最下面一个纽扣（图4-4-11）。

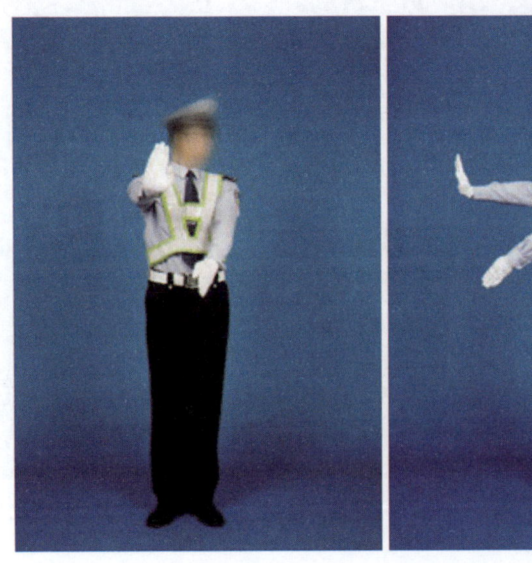

（a）正面　　（b）侧面

图 4-4-11　左转弯信号（二）

（3）左臂回位至不超过裤缝，面部及目光保持目视左方45度，完成第一次摆动（图4-4-12）。

（4）重复（2）动作。

（5）重复（3）动作，完成第二次摆动。

（6）收右臂，面部及目光转向前方，恢复立正姿势（图4-4-13）。

（a）正面　　（b）侧面

图 4-4-12　左转弯信号（三）

图 4-4-13　左转弯信号（四）

4.4.4 左转弯待转信号

左转弯待转信号表示准许左方左转弯的车辆进入路口，沿左转弯行驶方向靠近路口中心，等候左转弯信号。

（1）左臂向左平伸与身体成45度，掌心向下，五指并拢，面部及目光同时转向左方45度（图4-4-14）。

（a）正面

（b）侧面

图4-4-14　左转弯待转信号（一）

（2）左臂与手掌平直向下方摆动，手臂与身体成15度，面部及目光保持目视左方45度，完成第一次摆动（图4-4-15）。

（a）正面

（b）侧面

图4-4-15　左转弯待转信号（二）

（3）重复（1）动作。

（4）重复（2）动作，完成第二次摆动。

（5）收左臂，面部及目光转向前方，恢复立正姿势（图4-4-16）。

扫一扫
看动画视频

图4-4-16　左转弯待转信号（三）

4.4.5　右转弯信号

（1）左臂向前平伸与身体成90度，掌心向前，手掌与手臂夹角不低于60度，五指并拢，面部及目光同时转向右方45度（图4-4-17）。

（a）正面

（b）侧面

图4-4-17　右转弯信号（一）

（2）右臂与手掌平直向左前方摆动，手臂与身体成45度，掌心向左，中指尖至上衣中缝，高度至上衣最下面一个纽扣（图4-4-18）。

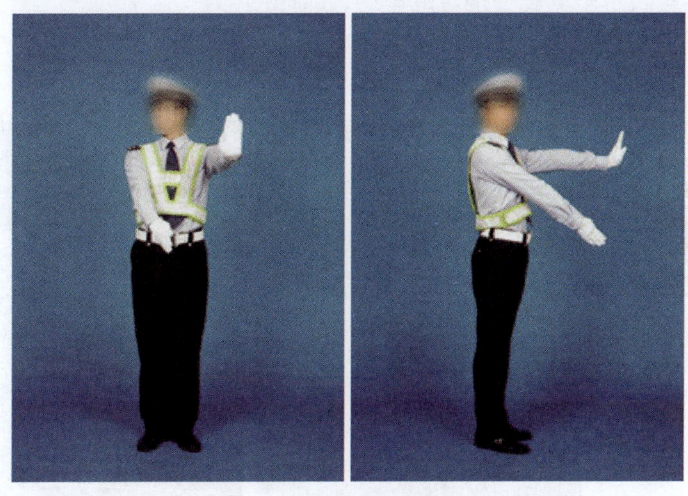

（a）正面　　（b）侧面

图 4-4-18　右转弯信号（二）

（3）右臂回位至不超过裤缝，面部及目光保持目视右方45度，完成第一次摆动（图4-4-19）。

（4）重复（2）动作。

（5）重复（3）动作，完成第二次摆动。

（6）收左臂，面部及目光转向前方，恢复立正姿势（图4-4-20）。

（a）正面

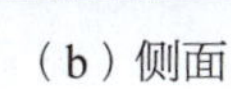

（b）侧面

图 4-4-19　右转弯信号（三）

图 4-4-20　右转弯信号（四）

4.4.6 变道信号

变道信号表示车辆腾空指定的车道，减速慢行。

（1）面向来车方向，右臂向前平伸与身体成90度，掌心向左，五指并拢，面部及目光平视前方（图4-4-21）。

（a）正面

（b）侧面

图4-4-21 变道信号（一）

（2）右臂向左水平摆动与身体成45度，完成第一次摆动（图4-4-22）。

（3）恢复至（1）动作。

（4）重复（2）动作，完成第二次摆动。

（5）收右臂，恢复立正姿势（图4-4-23）。

（a）正面

（b）侧面

图4-4-22 变道信号（二）

图4-4-23 变道信号（三）

4.4.7 减速慢行信号

（1）右臂向右前方平伸，与肩平行，与身体成135度，掌心向下，五指并拢，面部及目光同时转向右方45度（图4-4-24）。

（a）正面

（b）侧面

图4-4-24 减速慢行信号（一）

（2）右臂与手掌平直向下方摆动，手臂与身体成45度，面部及目光保持目视右方45度，完成第一次摆动（图4-4-25）。

（3）重复（1）动作。

（4）重复（2）动作，完成第二次摆动。

（5）收右臂，面部及目光转向前方，恢复立正姿势（图4-4-26）。

（a）正面

（b）侧面

图4-4-25 减速慢行信号（二）

图4-4-26 减速慢行信号（三）

4.4.8 示意车辆靠边停车信号

（1）面向来车方向，右臂前伸与身体成45度，掌心向左，五指并拢，面部及目光平视前方（图4-4-27）。

（a）正面

（b）侧面

图 4-4-27　示意车辆靠边停车信号（一）

（2）左臂由前向上伸直与身体成135度，掌心向前与身体平行，五指并拢（图4-4-28）。

（a）正面

（b）侧面

图 4-4-28　示意车辆靠边停车信号（二）

（3）右臂向左水平摆动与身体成45度，完成第一次摆动（图4-4-29）。

（a）正面

（b）侧面

图 4-4-29　示意车辆靠边停车信号（三）

（4）右臂恢复至（1）动作。

（5）重复（3）动作，完成第二次摆动（图4-4-30）。

（6）右臂恢复至（1）动作。

（7）双臂同时放下，恢复立正姿势（图4-4-31）。

（a）正面

（b）侧面

图 4-4-30　示意车辆靠边停车信号（四）

图 4-4-31　示意车辆靠边停车信号（五）

第5章
道路通行规定

5.1 一般规定

5.1.1 机动车信号灯和非机动车信号灯规定

（1）绿灯亮时，准许车辆通行，但转弯的车辆不得妨碍被放行的直行车辆、行人通行（图5-1-1）。

图 5-1-1 绿灯亮时准许车辆通行

（2）黄灯亮时，已越过停止线的车辆可以继续通行（图5-1-2中的红车和绿车）。

图 5-1-2 黄灯亮时已越过停止线的车辆可以继续通行

（3）红灯亮时，禁止车辆通行，但右转弯的车辆在不妨碍被放行的车辆、行人通行的情况下可以通行。（图5-1-3）。

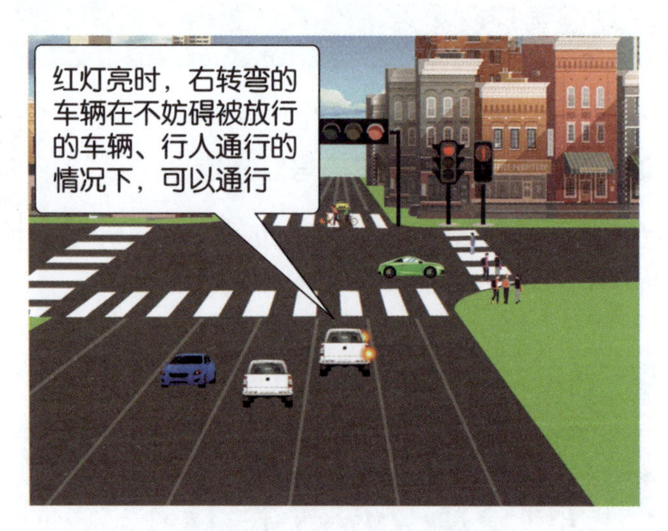

图 5-1-3　红灯亮时的通行规定

在未设置非机动车信号灯和人行横道信号灯的路口，非机动车和行人应当按照机动车信号灯的表示通行。

5.1.2　人行横道信号灯规定

（1）绿灯亮时，准许行人通过人行横道（图5-1-4）。

图 5-1-4　绿灯亮时准许行人通过人行横道

（2）红灯亮时，禁止行人进入人行横道，但是已经进入人行横道的，可以继续通过或者在道路中心线处停留等候（图5-1-5）。

图 5-1-5　红灯亮时禁止行人进入人行横道

5.1.3　车道信号灯规定

（1）绿色箭头灯亮时，准许本车道车辆按指示方向通行（图5-1-6）。

图 5-1-6　绿色箭头灯亮时的通行规定

（2）红色箭头灯或者叉形灯亮时，禁止本车道车辆通行（图5-1-7）。

图 5-1-7　红色箭头灯或者叉形灯亮时的通行规定

5.1.4　方向指示信号灯规定

方向指示信号灯的（绿色）箭头方向向左、向上、向右分别表示左转、直行、右转（图5-1-8）。

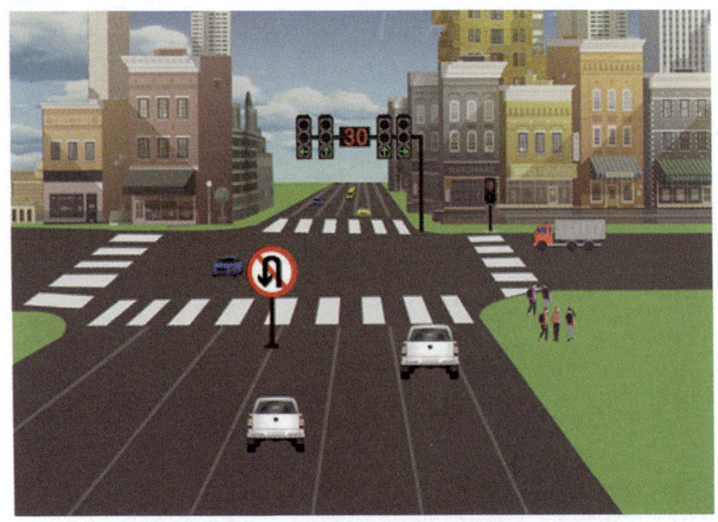

图 5-1-8　方向指示信号灯规定

5.1.5 闪光警告信号灯规定

闪光警告信号灯为持续闪烁的黄灯，提示车辆、行人通行时注意瞭望，确认安全后通过（图5-1-9）。

图 5-1-9 闪光信号灯规定

5.1.6 道路与铁路平面交叉道口信号灯规定

两个红灯交替闪烁或者一个红灯亮时，表示禁止车辆、行人通行（图5-1-10）。

图 5-1-10 两个红灯交替闪烁或者一个红灯亮时禁止通行

红灯熄灭时，表示允许车辆、行人通行（图5-1-11）。

图 5-1-11　红灯熄灭时允许通行

5.2 机动车通行规定

5.2.1　车道行驶规定

在道路同方向划有2条以上机动车道的，左侧为快速车道，右侧为慢速车道。行驶规定如图5-2-1 ~图5-2-3所示。

5.2.2　限速规定

机动车在道路上行驶不得超过限速标志、标线标明的速度。在没有限速标志、标线的道路上，机动车不得超过下列最高行驶速度：

（1）没有道路中心线的道路，城市道路为30千米/小时，公路为40千米/小时（图5-2-4）。

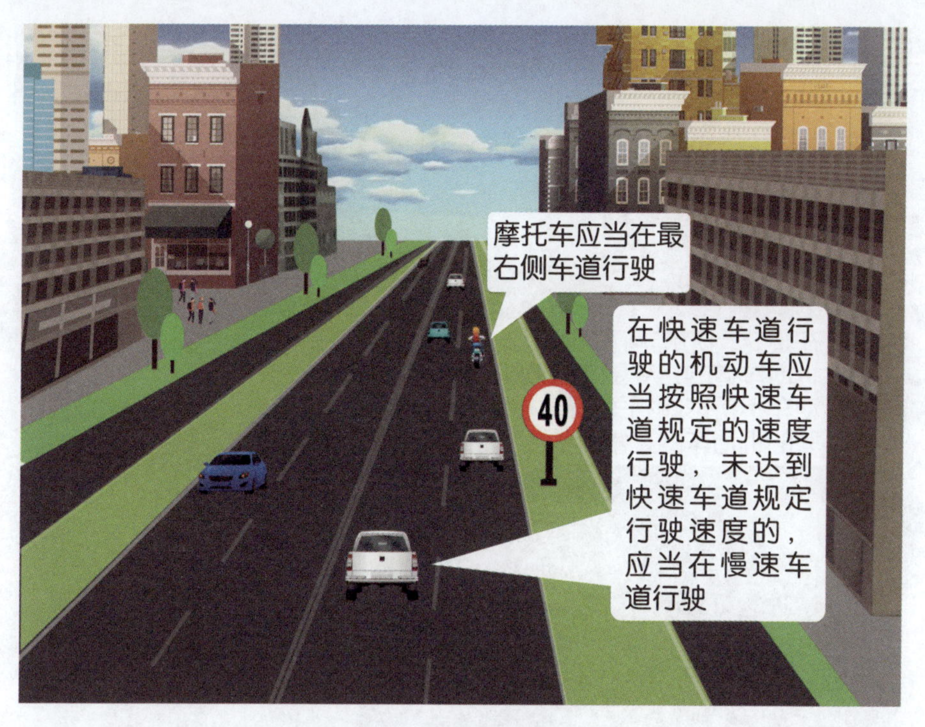

图 5-2-1 车道行驶规定（一）

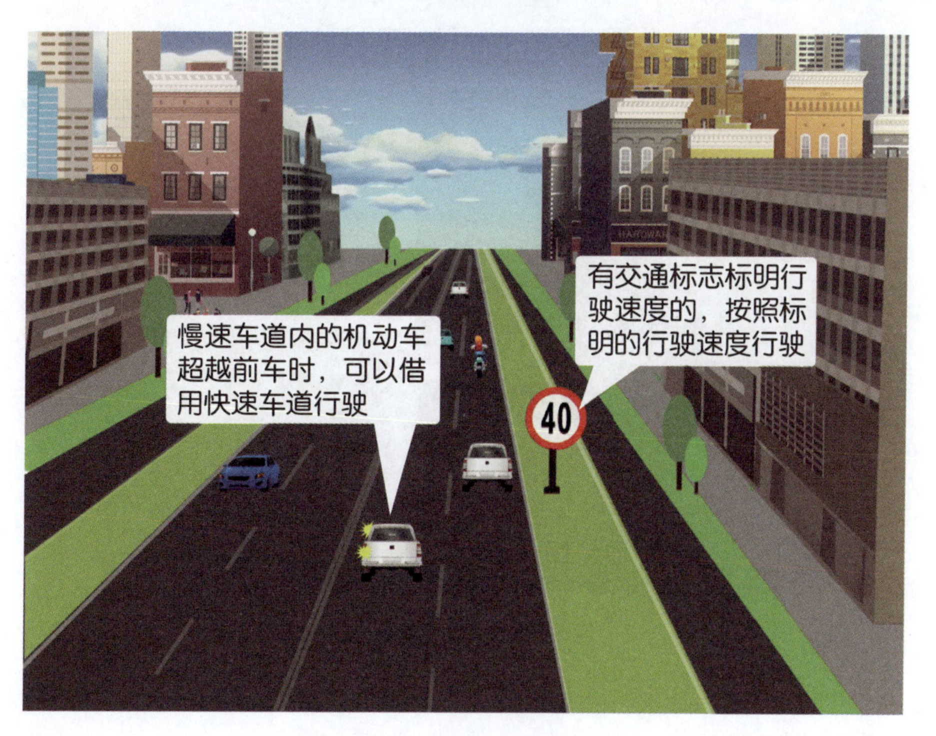

图 5-2-2 车道行驶规定（二）

图 5-2-3　车道行驶规定（三）

图 5-2-4　限速规定（一）

（2）同方向只有1条机动车道的道路，城市道路为50千米/小时，公路为70千米/小时（图5-2-5）。

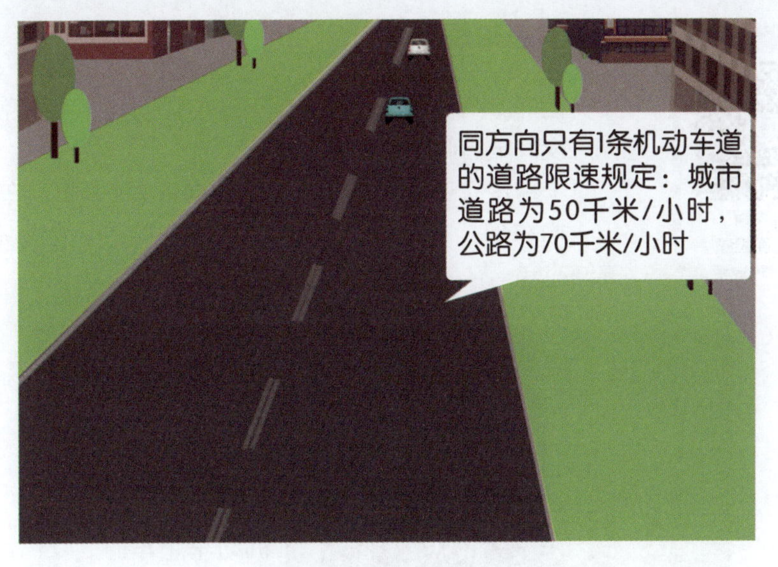

图 5-2-5　限速规定（二）

机动车行驶中遇有下列情形之一的，最高行驶速度不得超过30千米/小时，其中拖拉机、电瓶车、轮式专用机械车不得超过15千米/小时（图5-2-6）：

（1）进出非机动车道，通过铁路道口、急弯路、窄路、窄桥时；

（2）掉头、转弯、下陡坡时；

（3）遇雾、雨、雪、沙尘、冰雹，能见度在50米以内时；

（4）在冰雪、泥泞的道路上行驶时；

（5）牵引发生故障的机动车时。

图 5-2-6　限速规定（三）

5.2.3 超车规定

机动车超车时，应当提前开启左转向灯，变换使用远、近光灯夜间或者鸣喇叭（图5-2-7）。

（1）在没有道路中心线或者同方向只有1条机动车道的道路上，前车遇后车发出超车信号时，在条件许可的情况下，应当降低速度、靠右让路。

图 5-2-7 超车规定（一）

（2）后车应当在确认有充足的安全距离后，从前车的左侧超越（图5-2-8）。

图 5-2-8 超车规定（二）

（3）在与被超车辆拉开必要的安全距离后，开启右转向灯，驶回原车道（图5-2-9）。

图5-2-9　超车规定（三）

5.2.4　会车规定

在没有中心隔离设施或者没有中心线的道路上，机动车遇相对方向来车时应当遵守下列规定：

（1）减速靠右行驶，并与其他车辆、行人保持必要的安全距离（图5-2-10）；

图5-2-10　会车规定（一）

（2）在有障碍的路段，无障碍的一方先行，但有障碍的一方已驶入障碍路段而无障碍的一方未驶入时，有障碍的一方先行（图5-2-11）；

(a)

(b)

图5-2-11 会车规定（二）

（3）在狭窄的坡路，上坡的一方先行，但下坡的一方已行至中途而上坡的一方未上坡时，下坡的一方先行（图5-2-12）；

（a）

（b）

图5-2-12　会车规定（三）

（4）在狭窄的山路，不靠山体的一方先行（图5-2-13）；

图 5-2-13　会车规定（四）

（5）夜间会车应当在距相对方向来车150米以外改用近光灯（图5-2-14），在窄路、窄桥与非机动车会车时应当使用近光灯。

图 5-2-14　会车规定（五）

5.2.5 掉头规定

掉头规定如图 5-2-15 和图 5-2-16 所示。

图 5-2-15 掉头规定（一）

图 5-2-16 掉头规定（二）

5.2.6 倒车规定

倒车规定如图 5-2-17 所示。

图 5-2-17 倒车规定

5.2.7 机动车通过有交通信号灯控制的交叉路口规定

机动车通过有交通信号灯控制的交叉路口，应当按照下列规定通行。

（1）在划有导向车道的路口，按所需行进方向驶入导向车道（图 5-2-18）。

图 5-2-18 按所需行进方向驶入导向车道

（2）准备进入环形路口的让已在路口内的机动车先行（图5-2-19）。

图 5-2-19　已在路口内的机动车先行

（3）向左转弯时，靠路口中心点左侧转弯（图5-2-20）。

图 5-2-20　靠路口中心点左侧转弯

（4）转弯时开启转向灯，夜间行驶开启近光灯（图5-2-21）。

图 5-2-21　夜间行驶开启近光灯

（5）遇放行信号时，依次通过（图5-2-22）。

图 5-2-22　依次通过

（6）遇停止信号时，依次停在停止线以外；没有停止线的，停在路口以外（图5-2-23）。

图 5-2-23　遇停止信号时的通行规定

（7）向右转弯遇有同车道前车正在等候放行信号时，依次停车等候（图5-2-24）。

图 5-2-24　向右转弯的情况

（8）在没有方向指示信号灯的交叉路口，转弯的机动车让直行的车辆、行人先行（图5-2-25）。

图 5-2-25 转弯的机动车让直行的车辆、行人先行

（9）相对方向行驶的右转弯机动车让左转弯车辆先行（图5-2-26）。

图 5-2-26 相对方向行驶的右转弯机动车让左转弯车辆先行

5.2.8 机动车通过没有交通信号灯控制也没有交通警察指挥的交叉路口规定

机动车通过没有交通信号灯控制也没有交通警察指挥的交叉路口，应当遵守下列规定：

（1）有交通标志、标线控制的，让优先通行的一方先行（图5-2-27）；

图 5-2-27 让优先通行的一方先行

（2）没有交通标志、标线控制的，在进入路口前停车瞭望，让右方道路的来车先行（图5-2-28）；

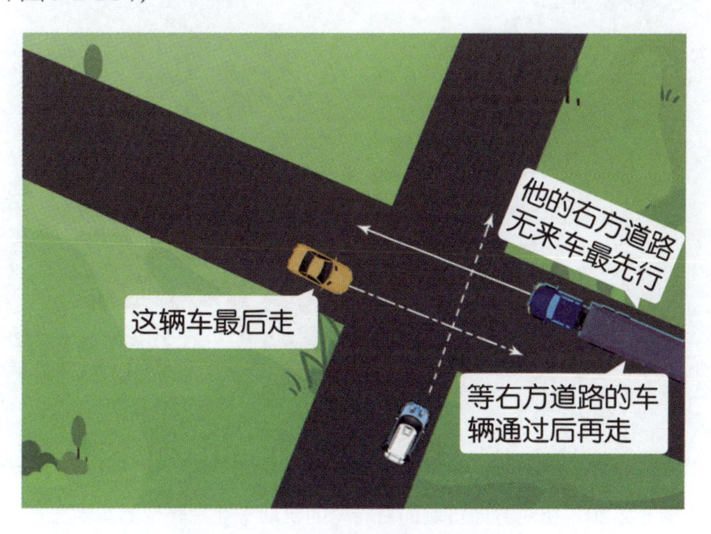

图 5-2-28 让右方道路的来车先行

（3）转弯的机动车让直行的车辆先行（图5-2-29）；

图5-2-29 转弯的机动车让直行的车辆先行

（4）相对方向行驶的右转弯的机动车让左转弯的车辆先行（图5-2-30）。

图5-2-30 相对方向行驶的右转弯的机动车让左转弯的车辆先行

5.2.9 交通不顺畅时的通行规定

（1）机动车遇有前方交叉路口交通堵塞时，应当依次停在路口以外等候，不得进入路口（图5-2-31）。

图 5-2-31 依次停在路口以外等候

（2）机动车在遇有前方机动车停车排队等候或者缓慢行驶时，应当依次排队，不得从前方车辆两侧穿插或者超越行驶，不得在人行横道、网状线区域内停车等候（图5-2-32和图5-2-33）。

图 5-2-32 不得在人行横道内停车等候

图 5-2-33 不得在网状线区域内停车等候

（3）机动车在车道减少的路口、路段，遇有前方机动车停车排队等候或者缓慢行驶的，应当每车道一辆依次交替驶入车道减少后的路口、路段（图5-2-34）。

图 5-2-34 机动车在车道减少的路口、路段行驶规定

5.2.10 机动车装载规定

机动车载物不得超过机动车行驶证上核定的载重量，装载长度、宽度不得超出车厢，并应当遵守下列规定。

（1）重型、中型载货汽车，半挂车载物，高度从地面起不得超过4米，载运集装箱的车辆不得超过4.2米。

（2）其他载货的机动车载物，高度从地面起不得超过2.5米（图5-2-35）。

图 5-2-35 机动车装载规定（一）

（3）摩托车载物，高度从地面起不得超过1.5米，长度不得超出车身0.2米（图5-2-36）。两轮摩托车载物宽度左右各不得超出车把0.15米（图5-2-37）；三轮摩托车载物宽度不得超过车身。

图 5-2-36 机动车装载规定（二）

图 5-2-37　机动车装载规定（三）

（4）载客汽车除车身外部的行李架和内置的行李厢外，不得载货。载客汽车行李架载货，从车顶起高度不得超过0.5米，从地面起高度不得超过4米（图5-2-38）。

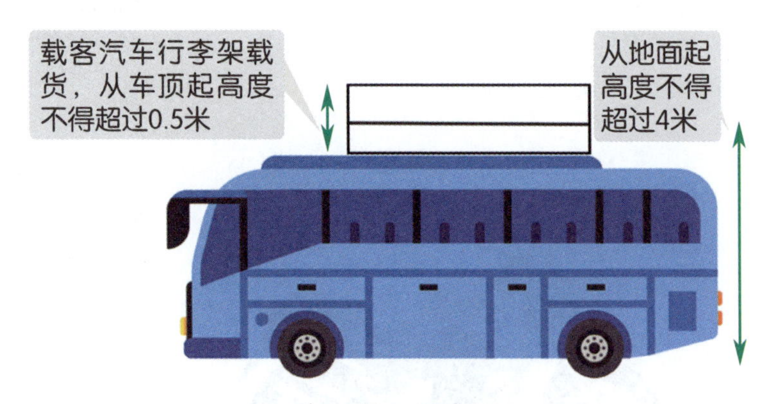

图 5-2-38　机动车装载规定（四）

机动车载人应当遵守下列规定（图5-2-39）。

（1）公路载客汽车不得超过核定的载客人数，但按照规定免票的儿童除外，在载客人数已满的情况下，按照规定免票的儿童不得超过核定载客人数的10%。

（2）载货汽车车厢不得载客。在城市道路上，货运机动车在留有安全位置的情况下，车厢内可以附载临时作业人员1 ～ 5人。

图 5-2-39 机动车载人规定（一）

（3）摩托车后座不得乘坐未满12周岁的未成年人，轻便摩托车不得载人。载物高度超过车厢栏板时，货物上不得载人（图5-2-40）；

图 5-2-40 机动车载人规定（二）

5.2.11 牵引挂车规定

机动车牵引挂车应当符合下列规定。

（1）载货汽车、半挂牵引车、拖拉机只允许牵引1辆挂车。挂车的灯光信号、制动、连接、安全防护等装置应当符合国家标准（图5-2-41）。

图 5-2-41 牵引挂车规定（一）

（2）小型载客汽车只允许牵引旅居挂车或者总质量700千克以下的挂车。挂车不得载人（图5-2-42）。

图 5-2-42 牵引挂车规定（二）

（3）载货汽车所牵引挂车的载重量不得超过载货汽车本身的载重量（图5-2-43）。

大型、中型载客汽车，低速载货汽车，三轮汽车以及其他机动车不得牵引挂车。

图 5-2-43　牵引挂车规定（三）

5.2.12　灯光使用规定

机动车应当按照下列规定使用转向灯。

（1）向左转弯、向左变更车道、准备超车、驶离停车地点或者掉头时，应当提前开启左转向灯（图5-2-44）。

图 5-2-44　灯光使用规定（一）

（2）向右转弯、向右变更车道、超车完毕驶回原车道、靠路边停车时，应当提前开启右转向灯（图5-2-45）。

图 5-2-45 灯光使用规定（二）

（3）机动车在夜间没有路灯、照明不良或者遇有雾、雨、雪、沙尘、冰雹等低能见度情况下行驶时，应当开启前照灯、示廓灯和后位灯（图 5-2-46）。

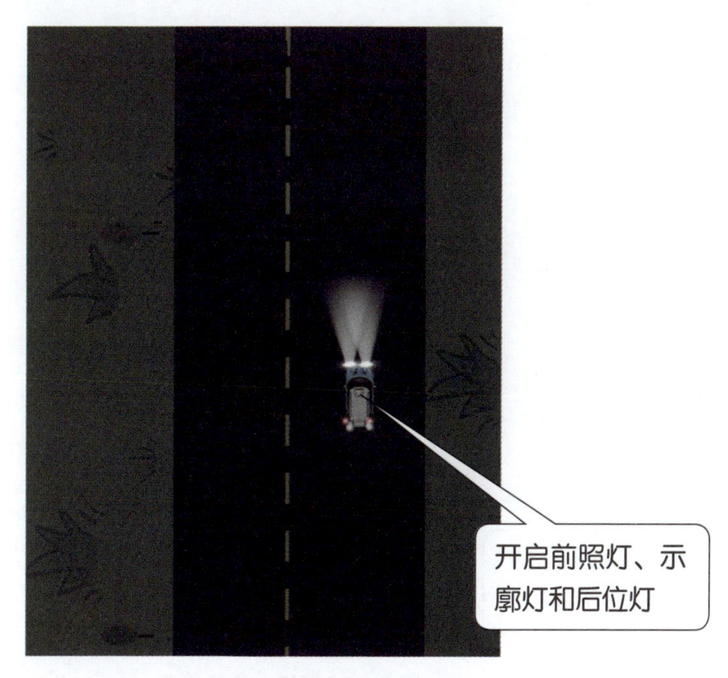

图 5-2-46 灯光使用规定（三）

（4）同方向行驶的后车与前车近距离行驶时，不得使用远光灯（图5-2-47）。

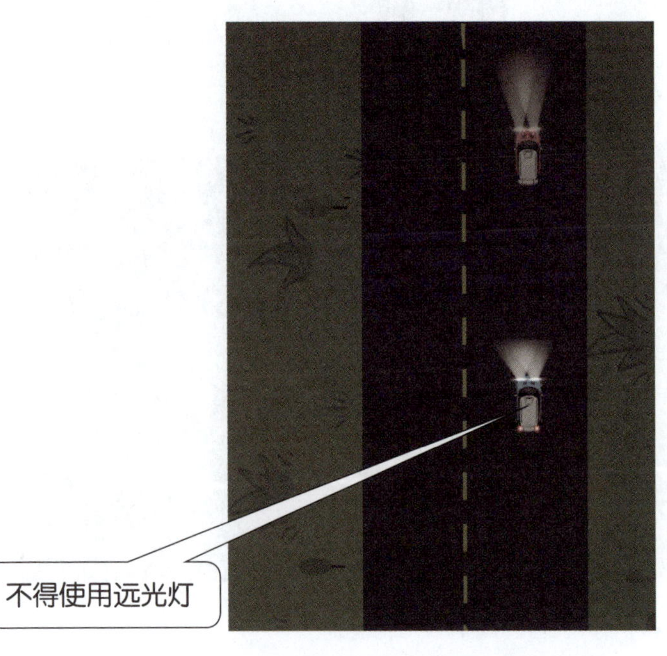

图 5-2-47　灯光使用规定（四）

（5）机动车雾天行驶应当开启雾灯和危险报警闪光灯（图5-2-48）。

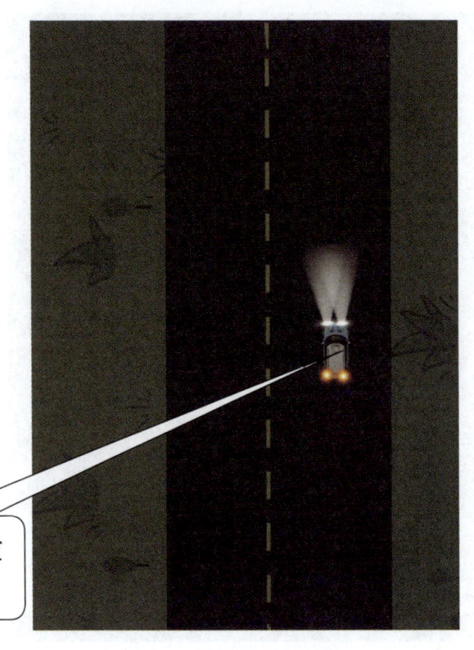

图 5-2-48　灯光使用规定（五）

机动车在夜间通过急弯、坡路、拱桥、人行横道或者没有交通信号灯控制的路口时，应当交替使用远近光灯示意（图5-2-49 ~ 图5-2-53）。

图 5-2-49　灯光使用规定（六）

图 5-2-50　灯光使用规定（七）

图 5-2-51　灯光使用规定（八）

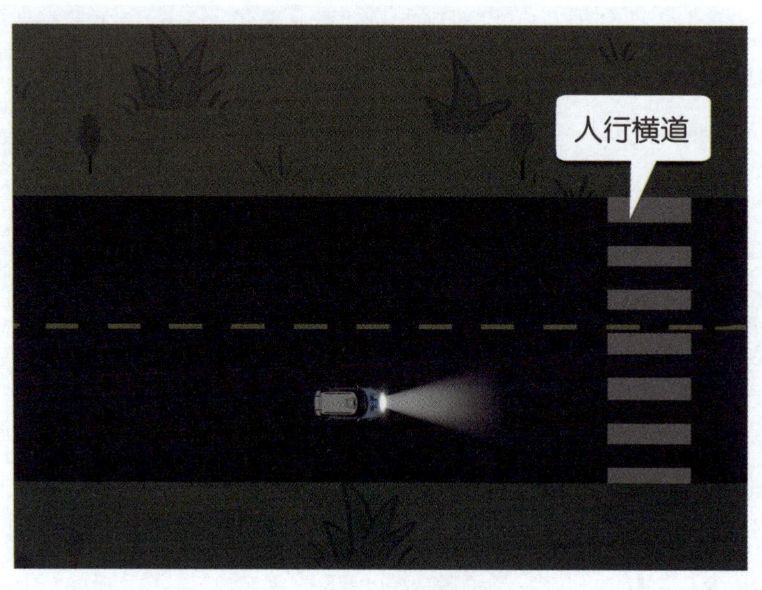

图 5-2-52　灯光使用规定（九）

图 5-2-53 灯光使用规定（十）

5.2.13 机动车在道路上发生故障或者发生交通事故时的规定

机动车在道路上发生故障或者发生交通事故时的规定如图5-2-54和图5-2-55所示。

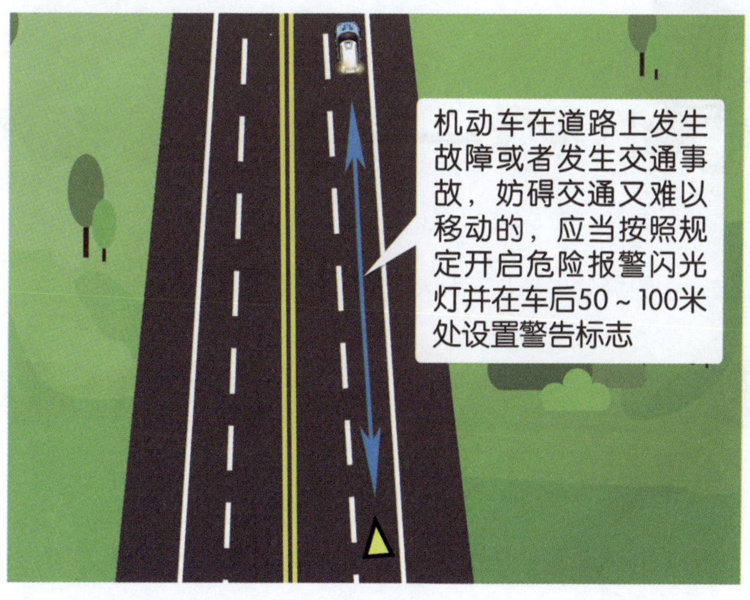

图 5-2-54 开启危险报警闪光灯并在车后 50 ～ 100 米处设置警告标志

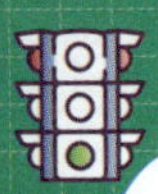

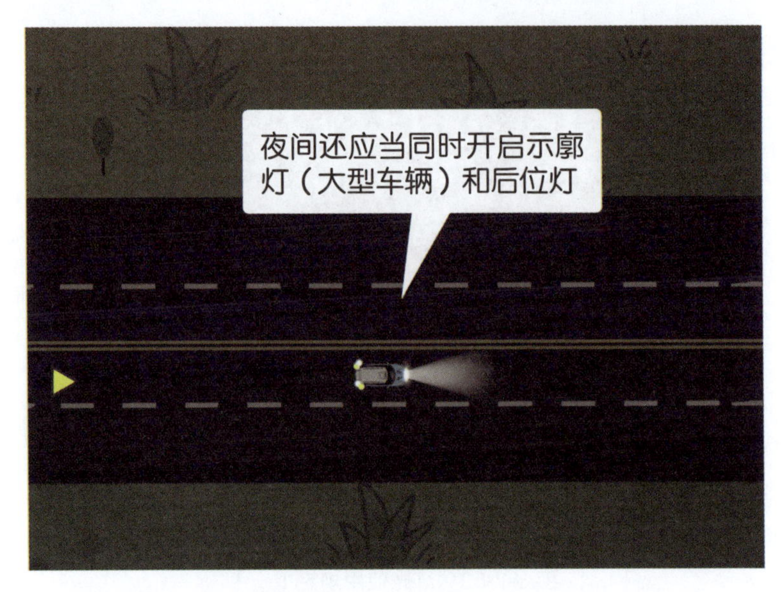

图 5-2-55 夜间还应当同时开启示廓灯（大型车辆）和后位灯

5.2.14 故障机动车牵引规定

牵引故障机动车应当遵守下列规定：

（1）被牵引的机动车除驾驶人外不得载人，不得拖带挂车（图 5-2-56）；

图 5-2-56 故障机动车牵引规定（一）

（2）被牵引的机动车宽度不得大于牵引机动车的宽度（图 5-2-57）；

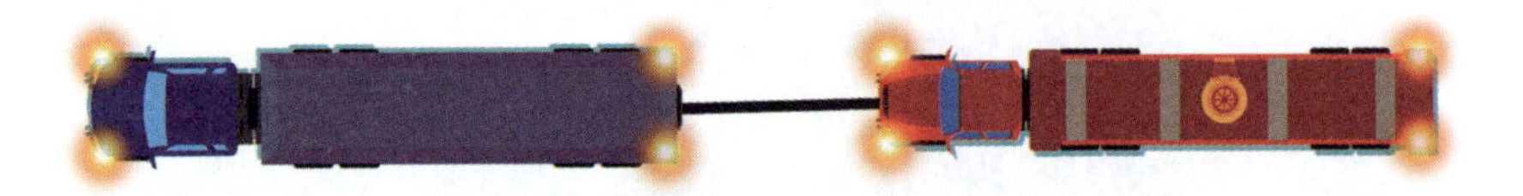

图 5-2-57 故障机动车牵引规定（二）

（3）使用软连接牵引装置时，牵引车与被牵引车之间的距离应当大于 4 米小于 10 米（图 5-2-58）；

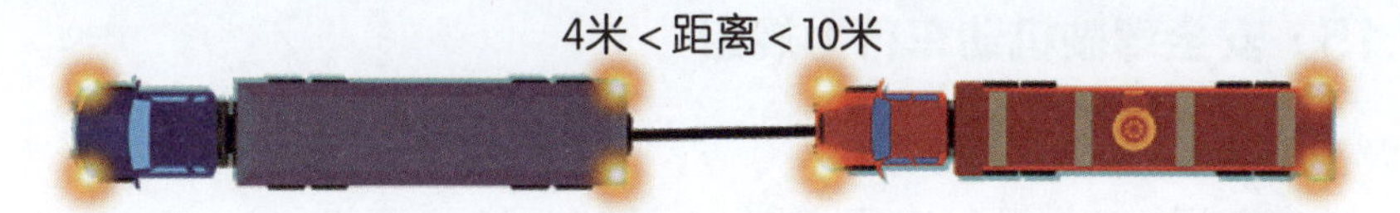

图 5-2-58 故障机动车牵引规定（三）

（4）对制动失效的被牵引车，应当使用硬连接牵引装置牵引（图5-2-59）；

图 5-2-59 故障机动车牵引规定（四）

（5）牵引车和被牵引车均应当开启危险报警闪光灯（图5-2-60）。

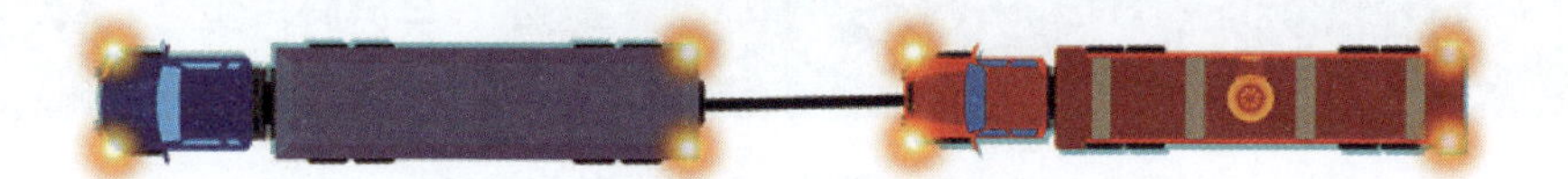

图 5-2-60 故障机动车牵引规定（五）

汽车吊车和轮式专用机械车不得牵引车辆。摩托车不得牵引车辆或者被其他车辆牵引。

转向或者照明、信号装置失效的故障机动车，应当使用专用清障车拖曳（图5-2-61）。

图 5-2-61 故障机动车牵引规定（六）

5.2.15 安全驾驶机动车行为规定

驾驶机动车不得有下列行为：

（1）在车门、车厢没有关好时行车（图5-2-62）；

图 5-2-62 安全驾驶机动车行为规定（一）

（2）在机动车驾驶室的前后窗范围内悬挂、放置妨碍驾驶人视线的物品（图5-2-63）；

图 5-2-63 安全驾驶机动车行为规定（二）

（3）拨打或接听手持电话、观看电视等妨碍安全驾驶的行为（图5-2-64）；

图 5-2-64　安全驾驶机动车行为规定（三）

（4）下陡坡时熄火或者空挡滑行（图5-2-65）；

图 5-2-65　安全驾驶机动车行为规定（四）

（5）向道路上抛撒物品（图5-2-66）；

图 5-2-66 安全驾驶机动车行为规定（五）

（6）驾驶摩托车手离车把或者在车把上悬挂物品；

（7）连续驾驶机动车超过4小时未停车休息或者停车休息时间少于20分钟（图5-2-67）；

图 5-2-67 安全驾驶机动车行为规定（六）

（8）在禁止鸣喇叭的区域或者路段鸣喇叭（图5-2-68）。

图5-2-68 安全驾驶机动车行为规定（七）

5.2.16 临时停车规定

禁止车辆临时或长时停放标志，有两条斜线。表示在限定的范围内，禁止一切车辆临时或长时停放。此标志设在禁止车辆停放的地方。禁止车辆停放的地方、车种和范围可用辅助标志说明（图5-2-69）。

禁止车辆长时停放标志，有一条斜线。临时停车不受限制。禁止车辆停放的时间、车种和范围可用辅助标志说明（图5-2-70）。

图5-2-69 禁止车辆临时或长时停放标志

图5-2-70 禁止车辆长时停放标志

禁止路边长时停放车辆线如图5-2-71所示。禁止路边临时或长时停放车辆线如图5-2-72所示。

图 5-2-71　禁止路边长时停放车辆线

图 5-2-72　禁止路边临时或长时停放车辆线

机动车在道路上临时停车，应当遵守下列规定：

（1）在设有禁停标志、标线的路段，在机动车道与非机动车道、人行道之间设有隔离设施的路段，以及人行横道、施工地段，不得停车（图5-2-73）；

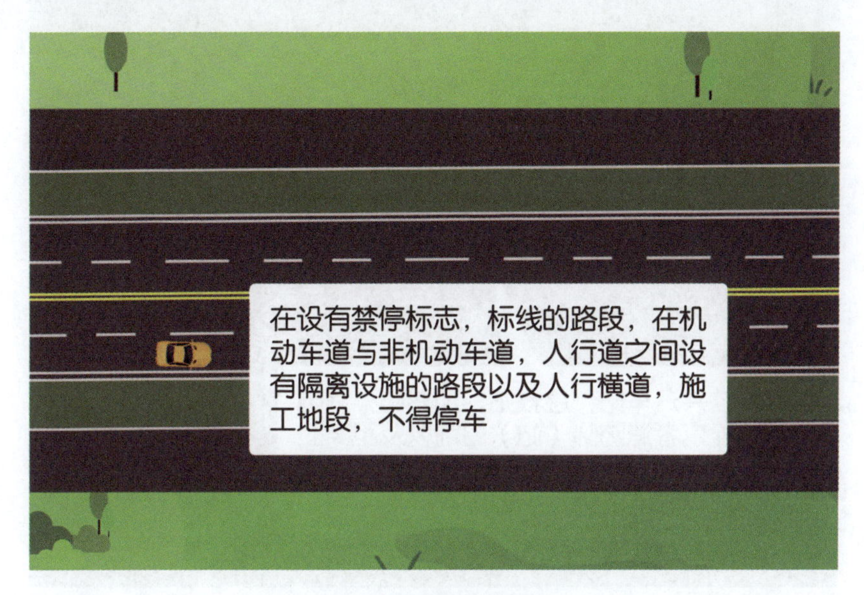

图5-2-73 临时停车规定（一）

（2）交叉路口、铁路道口、急弯路、宽度不足4米的窄路、桥梁、陡坡、隧道以及距离上述地点50米以内的路段，不得停车（图5-2-74）；

图5-2-74 临时停车规定（二）

（3）公共汽车站、急救站、加油站、消防栓或者消防队（站）门前以及距离上述地点30米以内的路段，除使用上述设施的以外，不得停车（图5-2-75）；

图 5-2-75 临时停车规定（三）

（4）车辆停稳前不得开车门和上下人员，开关车门不得妨碍其他车辆和行人通行（图5-2-76）；

图 5-2-76 临时停车规定（四）

（5）路边停车应当紧靠道路右侧，机动车驾驶人不得离车，上下人员或者装卸物品后，立即驶离（图5-2-77）；

图5-2-77　临时停车规定（五）

（6）城市公共汽车不得在站点以外的路段停车上下乘客（图5-2-78）。

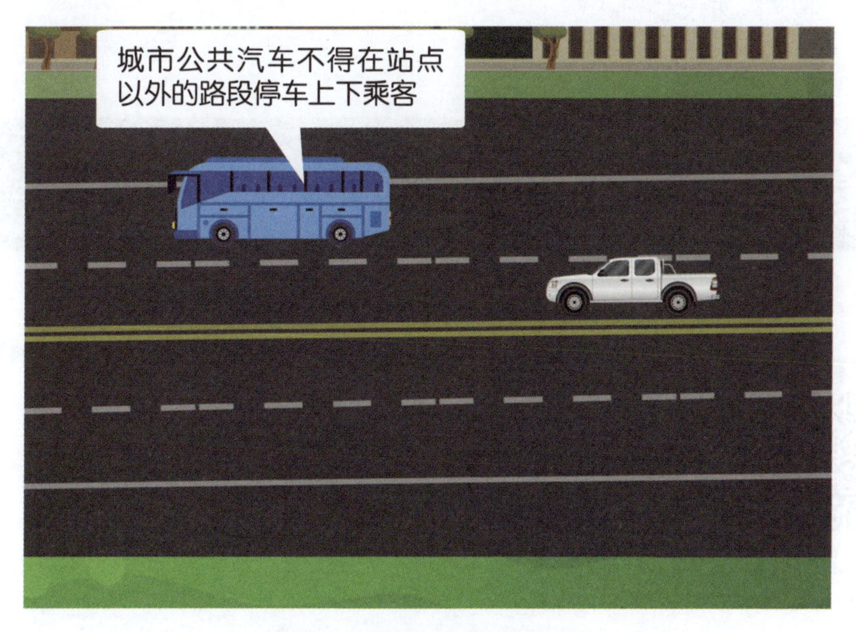

图5-2-78　临时停车规定（六）

5.2.17 载运超限物品规定

机动车载运超限物品行经铁路道口的，应当按照当地铁路部门指定的铁路道口、时间通过。

机动车行经渡口，应当服从渡口管理人员指挥，按照指定地点依次待渡。机动车上下渡船时，应当低速慢行。

5.2.18 特种车辆警报器使用规定

警车、消防车、救护车、工程救险车在执行紧急任务遇交通受阻时，可以断续使用警报器，并遵守下列规定：

（1）不得在禁止使用警报器的区域或者路段使用警报器；

（2）夜间在市区不得使用警报器；

（3）列队行驶时，前车已经使用警报器的，后车不再使用警报器。

5.2.19 单位院内、居住区行驶规定

在单位院内、居民居住区内，机动车应当低速行驶，避让行人；有限速标志的，按照限速标志行驶。

5.3 非机动车通行规定

5.3.1 非机动车通过有交通信号灯控制的交叉路口规定

非机动车通过有交通信号灯控制的交叉路口，应当按照下列规定通行。

（1）转弯的非机动车让直行的车辆、行人优先通行（图5-3-1和图5-3-2）。

图 5-3-1 让直行的车辆优先通行

图 5-3-2 让直行的行人优先通行

（2）遇有前方路口交通堵塞时，不得进入路口（图5-3-3）。

图 5-3-3　遇交通堵塞不得进入路口

（3）向左转弯时，靠路口中心点的右侧转弯（图5-3-4）。

图 5-3-4　靠路口中心点的右侧转弯

（4）遇有停止信号时，应当依次停在路口停止线以外；没有停止线的，停在路口以外（图5-3-5）。

图5-3-5 停在路口停止线以外或路口以外

（5）向右转弯遇有同方向前车正在等候放行信号时，在本车道内能够转弯的，可以通行；不能转弯的，依次等候（图5-3-6）。

图5-3-6 可以通行或依次等候

5.3.2 非机动车通过没有交通信号灯控制也没有交通警察指挥的交叉路口规定

非机动车通过没有交通信号灯控制也没有交通警察指挥的交叉路口，应当遵守下列规定：

（1）有交通标志、标线控制的，让优先通行的一方先行（图5-3-7）；

图 5-3-7 让优先通行的一方先行

（2）没有交通标志、标线控制的，在路口外慢行或者停车瞭望，让右方道路的来车先行（图5-3-8）；

图 5-3-8 在路口外慢行或停车瞭望

（3）相对方向行驶的右转弯的非机动车让左转弯的车辆先行（图5-3-9）。

图 5-3-9　让左转弯的车辆先行

5.3.3　横过机动车道及借道通行规定

（1）骑自行车、电动自行车、三轮车在路段上横过机动车道，应当下车推行，有人行横道或者行人过街设施的，应当从人行横道或者行人过街设施通过（图5-3-10）。

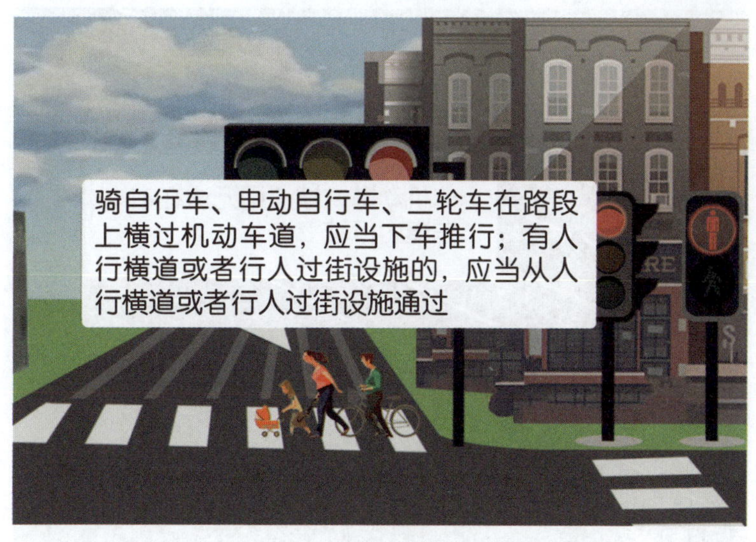

图 5-3-10　从人行横道或者行人过街设施通过

（2）没有人行横道、没有行人过街设施或者不便使用行人过街设施的，在确认安全后直行通过（图5-3-11）。

图 5-3-11 在确认安全后直行通过

（3）因非机动车道被占用无法在本车道内行驶的非机动车，可以在受阻的路段借用相邻的机动车道行驶，并在驶过被占用路段后迅速驶回非机动车道。机动车遇此情况应当减速让行（图5-3-12）。

图 5-3-12 非机动车借道行驶

5.3.4 载物规定

非机动车载物，应当遵守下列规定。

（1）自行车、电动自行车、残疾人机动轮椅车载物，高度从地面起不得超过1.5米，宽度左右各不得超出车把0.15米，长度前端不得超出车轮，后端不得超出车身0.3米（图5-3-13）。

(a)

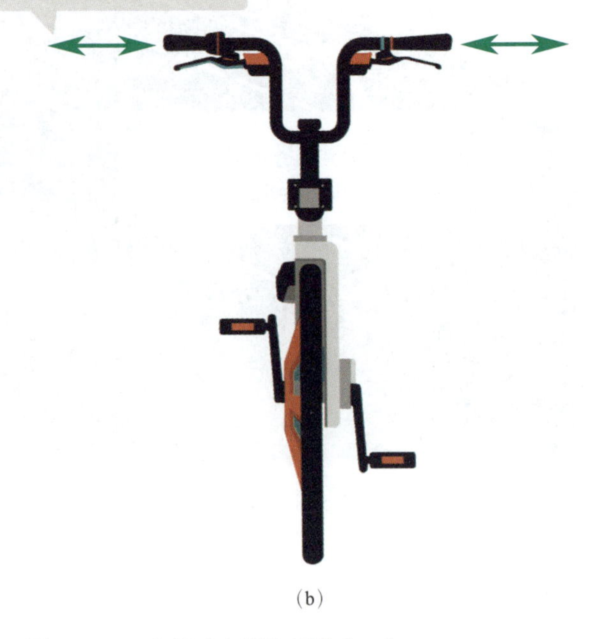

(b)

图 5-3-13 非机动车载物规定（一）

（2）三轮车、人力车载物，高度从地面起不得超过2米，宽度左右各不得超出车身0.2米，长度不得超出车身1米（图5-3-14）。

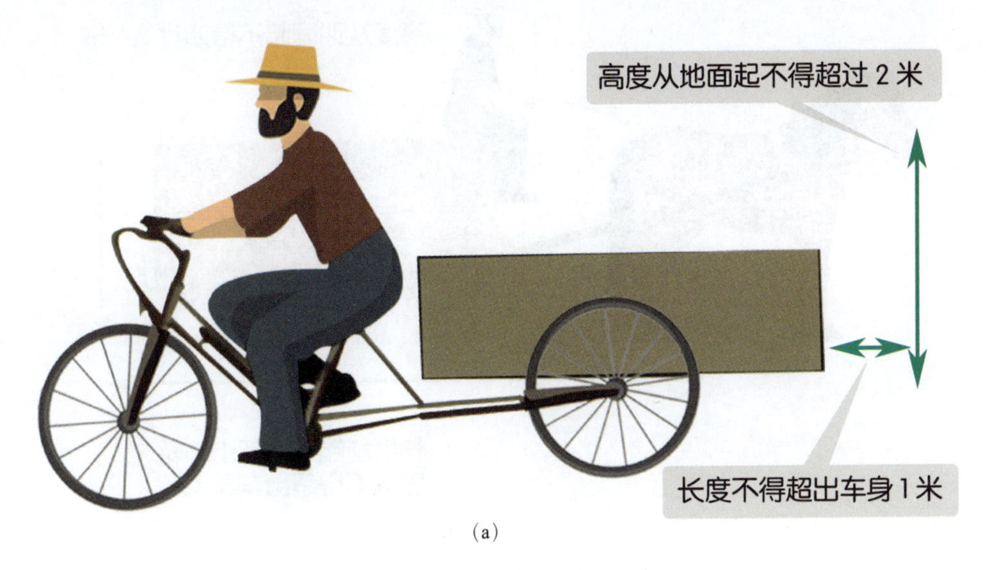

（a）

（b）

图 5-3-14　非机动车载物规定（二）

（3）畜力车载物，高度从地面起不得超过2.5米，宽度左右各不得超出车身0.2米，长度前端不得超出车辕，后端不得超出车身1米（图5-3-15）。

(a)

(b)

图 5-3-15　非机动车载物规定（三）

自行车载人的规定，由省、自治区、直辖市人民政府根据当地实际情况制定。

5.3.5　骑车规定

在道路上骑自行车、三轮车、电动自行车、残疾人机动轮椅车应当遵守下列规定：

（1）骑自行车、三轮车必须年满12周岁（图5-3-16）；

图 5-3-16　骑车规定（一）

（2）骑电动自行车和残疾人机动轮椅车必须年满16周岁（图5-3-17）；

图 5-3-17　骑车规定（二）

（3）不得醉酒骑车（图 5-3-18）；

图 5-3-18 骑车规定（三）

（4）转弯前应当减速慢行，伸手示意，不得突然猛拐，超越前车时不得妨碍被超越的车辆行驶（图 5-3-19）；

图 5-3-19 骑车规定（四）

（5）不得牵引、攀扶车辆或者被其他车辆牵引，不得双手离把或者手中持物（图5-3-20）；

图 5-3-20 骑车规定（五）

（6）不得扶身并行、互相追逐或者曲折竞驶（图5-3-21）；

图 5-3-21 骑车规定（六）

（7）不得在道路上骑独轮自行车或者2人以上骑行的自行车；

（8）非下肢残疾的人不得驾驶残疾人机动轮椅车；

（9）自行车、三轮车不得加装动力装置；

（10）不得在道路上学习骑非机动车。

5.3.6 畜力车驾驭规定

在道路上驾驭畜力车应当年满16周岁，并遵守下列规定。

（1）不得醉酒驾驭（图5-3-22）。

图5-3-22 畜力车驾驭规定（一）

（2）不得并行，驾驭人不得离开车辆（图5-3-23）；

图5-3-23 畜力车驾驭规定（二）

（3）行经繁华路段、交叉路口、铁路道口、人行横道、急弯路、宽度不足4米的窄路或者窄桥、陡坡、隧道或者容易发生危险的路段，不得超车。驾驭两轮畜力车应当下车牵引牲畜。

（4）不得使用未经驯服的牲畜驾车，随车幼畜须拴系。

（5）停放车辆应当拉紧车闸，拴系牲畜。

5.4 行人和乘车人通行规定

5.4.1 通行规定

行人不得有下列行为：

（1）不得在道路上使用滑板、旱冰鞋等滑行工具（图5-4-1）。

图 5-4-1 行人通行规定（一）

（2）不得在车行道内坐卧、停留、嬉闹（图5-4-2）。

图 5-4-2　行人通行规定（二）

（3）不得有追车、抛物击车等妨碍道路交通安全的行为（图5-4-3）。

图 5-4-3　行人通行规定（三）

（4）行人横过机动车道，应当从行人过街设施通过（图5-4-4）。

图 5-4-4　行人通行规定（四）

（5）没有行人过街设施的，应当从人行横道通过（图5-4-5）。

图 5-4-5　行人通行规定（五）

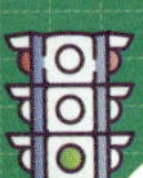

（6）没有人行横道的，应当观察来往车辆的情况，确认安全后直行通过，不得在车辆临近时突然加速横穿或者中途倒退、折返（图5-4-6）。

图 5-4-6 行人通行规定（六）

（7）行人列队在道路上通行，每横列不得超过2人，但在已经实行交通管制的路段不受限制（图5-4-7）。

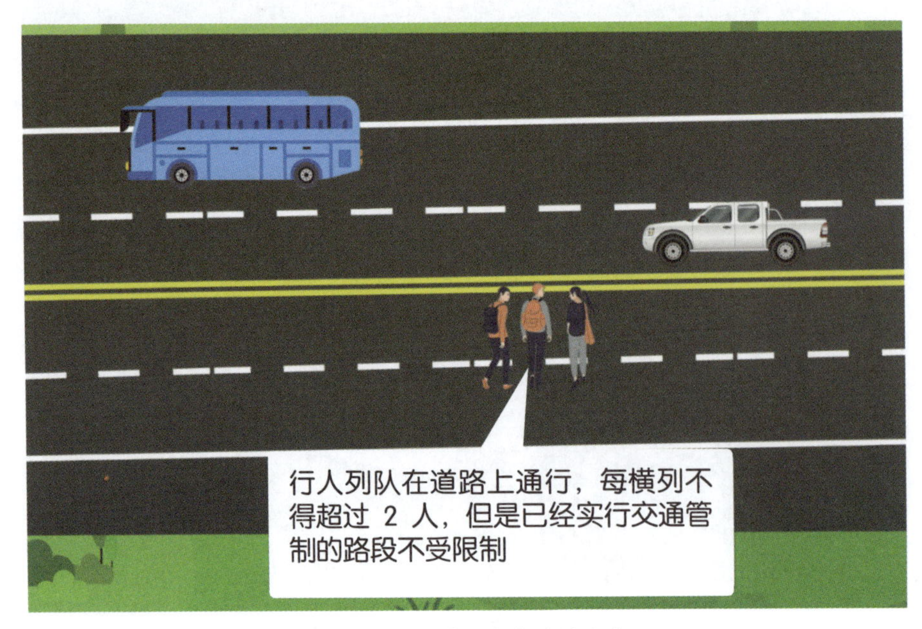

图 5-4-7 行人通行规定（七）

5.4.2 乘坐机动车规定

乘坐机动车应当遵守下列规定：

（1）不得在机动车道上拦乘机动车（图 5-4-8）；

图 5-4-8 乘坐机动车规定（一）

（2）在机动车道上不得从机动车左侧上下车（图 5-4-9）；

图 5-4-9 乘坐机动车规定（二）

（3）开关车门不得妨碍其他车辆和行人通行（图5-4-10）；

图5-4-10　乘坐机动车规定（三）

（4）机动车行驶中，不得干扰驾驶，不得将身体任何部分伸出车外，不得跳车（图5-4-11）；

图5-4-11　乘坐机动车规定（四）

（5）乘坐两轮摩托车应当正向骑坐（图5-4-12）。

图 5-4-12 乘坐机动车规定（五）

5.5 高速公路特别规定

5.5.1 行驶速度规定

高速公路应当标明车道的行驶速度，最高车速不得超过每小时120千米，最低车速不得低于每小时60千米（图5-5-1）。

图 5-5-1 行驶速度规定（一）

在高速公路上行驶的小型载客汽车最高车速不得超过每小时120千米，其他机动车不得超过每小时100千米，摩托车不得超过每小时80千米（图5-5-2）。

图 5-5-2　行驶速度规定（二）

同方向有2条车道的，左侧车道的最低车速为每小时100千米，右侧车道的最低车速为每小时60千米（图5-5-3）。

图 5-5-3　行驶速度规定（三）

同方向有3条以上车道的，最左侧车道的最低车速为每小时110千米，中间车道的最低车速为每小时90千米，最右侧车道的最低车速为每小时60千米（图5-5-4）。

道路限速标志标明的车速与上述车道行驶车速的规定不一致的，按照道路限速标志标明的车速行驶。

图 5-5-4　行驶速度规定（四）

5.5.2　驶入驶离规定

机动车从匝道驶入高速公路，应当开启左转向灯，在不妨碍已在高速公路内的机动车正常行驶的情况下驶入车道（图5-5-5）。

图 5-5-5　驶入规定

机动车驶离高速公路时，应当开启右转向灯，驶入减速车道，降低车速后驶离（图5-5-6）。

（a）

（b）

图 5-5-6 驶离规定

5.5.3 车距规定

机动车在高速公路上行驶，车速超过每小时100千米时，应当与同车道前车保持100米以上的距离（图5-5-7）。

图 5-5-7 车距规定（一）

车速低于每小时100千米时，与同车道前车距离可以适当缩短，但最小距离不得少于50米（图5-5-8）。

图 5-5-8 车距规定（二）

5.5.4 恶劣气象条件行驶规定

机动车在高速公路上行驶，遇有雾、雨、雪、沙尘、冰雹等低能见度气象条件时，应当遵守下列规定：

（1）能见度小于200米时，开启雾灯、近光灯、示廓灯和前后位灯，车速不得超过每小时60千米，与同车道前车保持100米以上的距离（图5-5-9）；

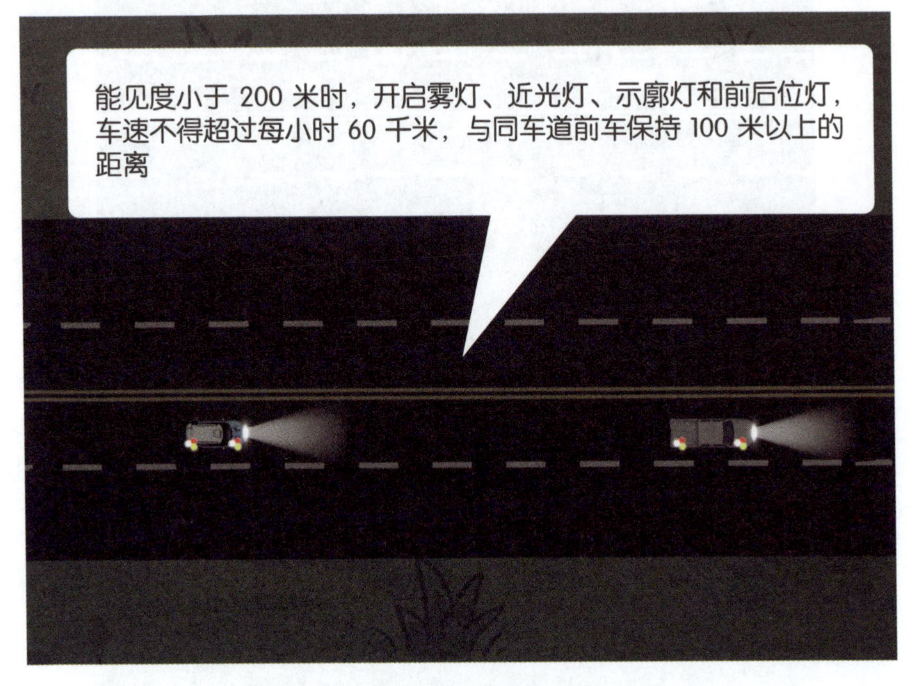

图 5-5-9 恶劣气象条件行驶规定（一）

（2）能见度小于100米时，开启雾灯、近光灯、示廓灯、前后位灯和危险报警闪光灯，车速不得超过每小时40千米，与同车道前车保持50米以上的距离（图5-5-10）；

（3）能见度小于50米时，开启雾灯、近光灯、示廓灯、前后位灯和危险报警闪光灯，车速不得超过每小时20千米，并从最近的出口尽快驶离高速公路（图5-5-11）。

遇有前款规定情形时，高速公路管理部门应当通过显示屏等方式发布速度限制、保持车距等提示信息。

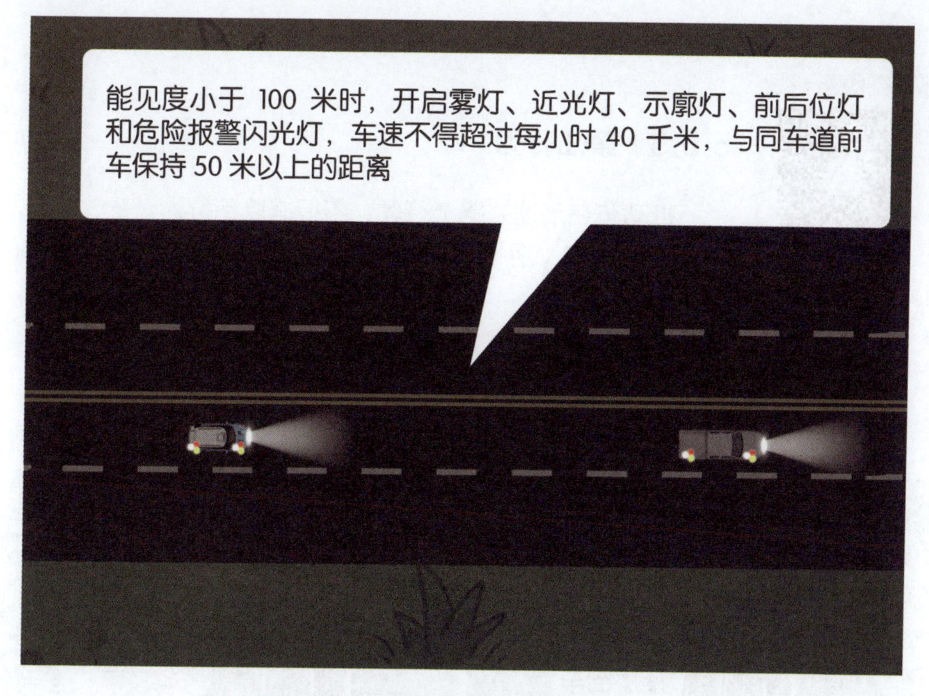

图 5-5-10　恶劣气象条件行驶规定（二）

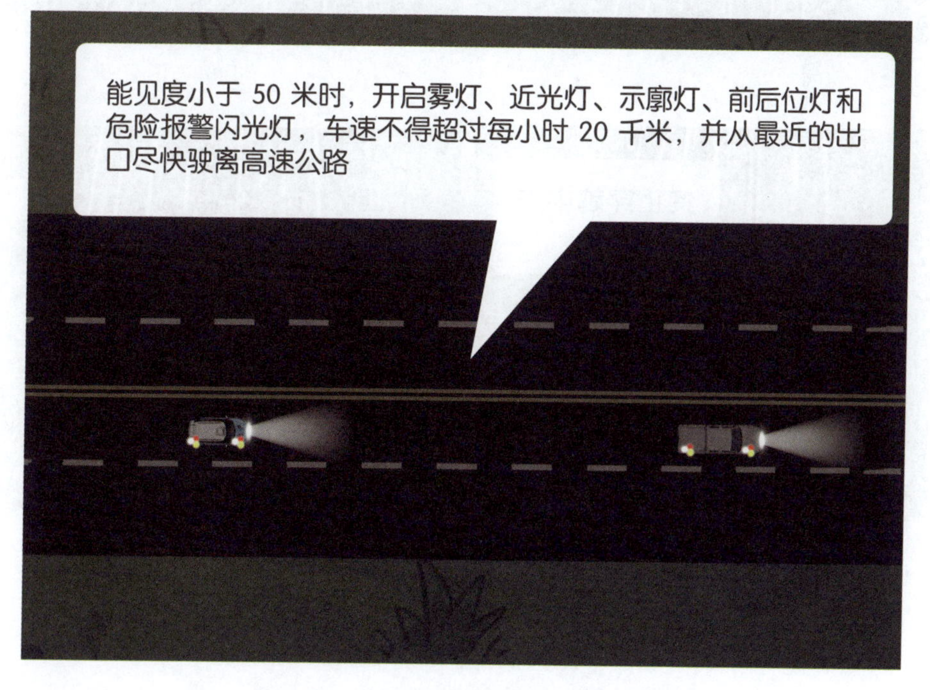

图 5-5-11　恶劣气象条件行驶规定（三）

5.5.5 禁止行为

机动车在高速公路上行驶，不得有以下行为。

（1）倒车、逆行、穿越中央分隔带掉头或者在车道内停车（图5-5-12）。

（a）

（b）

（c）

（d）

图5-5-12 禁止行为（一）

（2）在匝道、加速车道或者减速道上超车（图5-5-13）。

（a）

（b）

图 5-5-13

（c）

图 5-5-13　禁止行为（二）

（3）骑、轧车行道分界线或者在路肩行驶（图5-5-14）。

（a）

（b）

图 5-5-14　禁止行为（三）

（4）非紧急情况在应急车道行驶或停车（图 5-5-15）。

（5）试车或者学习驾驶机动车。

图 5-5-15　禁止行为（四）

5.5.6 载货汽车、两轮摩托车载人规定

（1）在高速公路上行驶的载货汽车车厢不得载人。两轮摩托车在高速公路上行驶时不得载人（图5-5-16）。

图 5-5-16 载货汽车车厢及两轮摩托车不得载人

（2）机动车通过施工作业路段时，应当注意警示标志，减速行驶（图5-5-17）。

城市快速路的道路交通安全管理，参照本节的规定执行。

高速公路、城市快速路的道路交通安全管理工作，各省、自治区、直辖市人民政府公安机关交通管理部门可以指定设区的市人民政府公安机关交通管理部门或者相当于同级的公安机关交通管理部门承担。

左道封闭
1km
左道封闭
300m
左道封闭
锥形交通标
夜间安装施工警告灯
道路施工
前方施工
500m
前方施工
1km

图 5-5-17　警示标志

扫一扫
看动画视频

第6章
交通事故处理

6.1
在道路上发生交通事故的处理规定

机动车与机动车、机动车与非机动车在道路上发生未造成人身伤亡的交通事故，当事人对事实及成因无争议的，在记录交通事故的时间、地点、对方当事人的姓名和联系方式、机动车牌号、驾驶证号、保险凭证号、碰撞部位，并共同签名后，撤离现场，自行协商损害赔偿事宜。当事人对交通事故事实及成因有争议的，应当迅速报警。

非机动车与非机动车或者行人在道路上发生交通事故，未造成人身伤亡，且基本事实及成因清楚的，当事人应当先撤离现场，再自行协商处理损害赔偿事宜。当事人对交通事故事实及成因有争议的，应当迅速报警。

机动车发生交通事故，造成道路、供电、通信等设施损毁的，驾驶人应当报警等候处理，不得驶离。机动车可以移动的，应当将机动车移至不妨碍交通的地点。公安机关交通管理部门应当将事故有关情况通知有关部门。

公安机关交通管理部门或者交通警察接到交通事故报警，应当及时赶赴现场，对未造成人身伤亡，事实清楚，并且机动车可以移动的，应当在记录事故情况后责令当事人撤离现场，恢复交通。对拒不撤离现场的，予以强制撤离。

对属于前款规定情况的道路交通事故，交通警察可以适用简易程序处理，并当场出具事故认定书。当事人共同请求调解的，交通警察可以当场对损害赔偿争议进行调解。

对道路交通事故造成人员伤亡和财产损失需要勘验、检查现场的，公安机关交通管理部门应当按照勘查现场工作规范进行。现场勘查完毕，应当组织清理现场，恢复交通。

投保机动车第三者责任强制保险的机动车发生交通事故，因抢救受伤人员需要保险公司支付抢救费用的，由公安机关交通管理部门通知保险公司。

抢救受伤人员需要道路交通事故救助基金垫付费用的，由公安机关交通管理部门通知道路交通事故社会救助基金管理机构。

公安机关交通管理部门应当根据交通事故当事人的行为对发生交通事故所起的作用以及过错的严重程度，确定当事人的责任。

发生交通事故后当事人逃逸的，逃逸的当事人承担全部责任。但是，有证据证明对方当事人也有过错的，可以减轻责任。

当事人故意破坏、伪造现场、毁灭证据的，承担全部责任。

公安机关交通管理部门对经过勘验、检查现场的交通事故应当在勘查现场之日起10日内制作交通事故认定书。对需要进行检验、鉴定的，应当在检验、鉴定结果确定之日起5日内制作交通事故认定书。

当事人对交通事故损害赔偿有争议，各方当事人一致请求公安机关交通管理部门调解的，应当在收到交通事故认定书之日起10日内提出书面调解申请。

对交通事故致死的，调解从办理丧葬事宜结束之日起开始；对交通事故致伤的，调解从治疗终结或者定残之日起开始；对交通事故造成财产损失的，调解从确定损失之日起开始。

公安机关交通管理部门调解交通事故损害赔偿争议的期限为10日。调解达成协议的，公安机关交通管理部门应当制作调解书送交各方当事人，调解书经各方当事人共同签字后生效；调解未达成协议的，公安机关交通管理部门应当制作调解终结书送交各方当事人。

6.2 对交通事故损害赔偿的规定

交通事故损害赔偿项目和标准依照有关法律的规定执行。

对交通事故损害赔偿的争议，当事人向人民法院提起民事诉讼的，公安机关交通管理部门不再受理调解申请。

公安机关交通管理部门调解期间，当事人向人民法院提起民事诉讼的，调解终止。

车辆在道路以外发生交通事故，公安机关交通管理部门接到报案的，参照道路交通安全法和本条例的规定处理。

车辆、行人与火车发生的交通事故以及在渡口发生的交通事故，依照国家有关规定处理。

第7章
执法监督

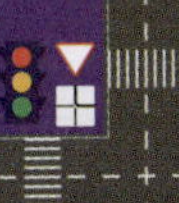

7.1 执法的基本规定

公安机关交通管理部门应当公开办事制度、办事程序，建立警风警纪监督员制度，自觉接受社会和群众的监督。

公安机关交通管理部门及其交通警察办理机动车登记，发放号牌，对驾驶人考核、发证，处理道路交通安全违法行为，处理道路交通事故，应当严格遵守有关规定，不得越权执法，不得延迟履行职责，不得擅自改变处罚的种类和幅度。

公安机关交通管理部门应当公布举报电话，受理群众举报投诉，并及时调查核实，反馈查处结果。

公安机关交通管理部门应当建立执法质量考核评议、执法责任制和执法过错追究制度，防止和纠正道路交通安全执法中的错误或者不当行为。

7.2 回避

交通警察调查处理道路交通安全违法行为和交通事故，有下列情形之一的，应当回避：

（1）是本案的当事人或者当事人的近亲属；

（2）本人或者其近亲属与本案有利害关系；

（3）与本案当事人有其他关系，可能影响案件的公正处理。

7.3 执法监督

公安机关交通管理部门应当加强对交通警察的管理，提高交通警察的素质和管理道路交通的水平。公安机关交通管理部门应当对交通警察进行法制和交通安全管理业务培训、考核。交通警察经考核不合格的，不得上岗执行职务。

公安机关交通管理部门及其交通警察实施道路交通安全管理，应当依据法定的职权和程序，简化办事手续，做到公正、严格、文明、高效。

交通警察执行职务时，应当按照规定着装，佩戴人民警察标志，持有人民警察证件，保持警容举止端庄，指挥规范。

依照本法发放牌证等收取工本费，应当严格执行国务院价格主管部门核定的收费标准，并全部上缴国库。

（1）公安机关交通管理部门依法实施罚款的行政处罚，应当依照有关法律、行政法规的规定，实施罚款决定与罚款收缴分离：收缴的罚款以及依法没收的违法所得，应当全部上缴国库。

（2）公安机关交通管理部门及其交通警察的行政执法活动，应当接受行政监察机关依法实施的监督。公安机关督察部门应当对公安机关交通管理部门及其交通警察执行法律、法规和遵守纪律的情况依法进行监督。上级公安机关交通管理部门应当对下级公安机关交通管理部门的执法活动进行监督。

（3）公安机关交通管理部门及其交通警察执行职务，应当自觉接受社会和公民的监督。任何单位和个人都有权对公安机关交通管理部门及其交通警察不严格执法以及违法违纪行为进行检举、控告。收到检举、控告的机关，应当依据职责及时查处。

（4）任何单位不得给公安机关交通管理部门下达或者变相下达罚款指标：公安机关交通管理部门不得以罚款数额作为考核交通警察的标准。公安机关交通管理部门及其交通警察对超越法律、法规规定的指令，有权拒绝执行，并同时向上级机关报告。

第8章
法律责任

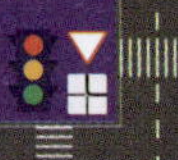

违反《道路交通安全法实施条例》规定的行为，依照《道路交通安全法》和本《道路交通安全法实施条例》的规定处罚。

以欺骗、贿赂等不正当手段取得机动车登记或者驾驶许可的，收缴机动车登记证书、号牌、行驶证或者机动车驾驶证，撤销机动车登记或者机动车驾驶许可；申请人在3年内不得申请机动车登记或者机动车驾驶许可。

交通警察按照简易程序当场做出行政处罚的，应当告知当事人道路交通安全违法行为的事实、处罚的理由和依据，并将行政处罚决定书当场交付被处罚人。

对道路交通安全违法行为人处以罚款或者暂扣驾驶证处罚的，由违法行为发生地的县级以上人民政府公安机关交通管理部门或者相当于同级的公安机关交通管理部门做出决定；对处以吊销机动车驾驶证处罚的，由设区的市人民政府公安机关交通管理部门或者相当于同级的公安机关交通管理部门做出决定。公安机关交通管理部门对非本辖区机动车的道路交通安全违法行为没有当场处罚的，可以由机动车登记地的公安机关交通管理部门处罚。

当事人对公安机关交通管理部门及其交通警察的处罚有权进行陈述和申辩，交通警察应当充分听取当事人的陈述和申辩，不得因当事人陈述、申辩而加重其处罚。

8.1 道路交通安全违法行为的处罚种类

《道路交通安全法》明确规定，对道路交通安全违法行为的处罚种类包括：警告、罚款、暂扣或者吊销机动车驾驶证、拘留。

警告，是指处罚机关对道路交通违章行为人的告诫，这种行政处罚带有教育性质，又具有强制的性质。

警告处罚的作用在于指出违法行为的危害，促使行为人认识违章错误，不至于再犯。警告是一种较轻的行政处罚，一般适用于初犯，同时其违法行为必须具有情节比较轻微、后果极小的条件。

罚款，是指限定违法行为人在一定期限内交纳一定数额货币的经济性处罚，具有强制性。

罚款是一种行政处罚，其执行必须依据法律、法规的规定，在法定程序和法律规定的具体处罚幅度内执行。

暂扣机动车驾驶证，是指将机动车驾驶人的驾驶证予以扣留，在一定期限内停止其机动车驾驶资格的处罚，这种处罚一般要比罚款严厉。暂扣机动车驾驶证可以单独使用，也可以和其他处罚合并使用。

吊销机动车驾驶证是取消机动车驾驶人驾驶资格的处罚，属于非常严厉的处罚。吊销机动车驾驶证可以单独使用，也可以和其他处罚合并使用。

行政拘留是处罚机关对道路交通安全违法行为人短期强制限制人身自由的一种行政处罚，是对违反道路交通安全法律、法规的行为人，违法情节比较严重、造成严重影响或者严重危害后果的一种处罚。

8.2 违法处理规定

8.2.1 对行人、乘车人、非机动车驾驶人的违法处理规定

行人、乘车人、非机动车驾驶人违反道路交通安全法律、法规关于道路通行规定的，处警告或者五元以上五十元以下罚款；非机动车驾驶人拒绝接受罚款处罚的，可以扣留其非机动车。

8.2.2 对机动车驾驶人的违法处理规定

机动车驾驶人违反道路交通安全法律、法规关于道路通行规定的，处警告或者二十元以上二百元以下罚款。《道路交通安全法》另有规定，依照规定处罚。

机动车驾驶人有下列行为之一，又无其他机动车驾驶人即时替代驾驶的，公安机关交通管理部门除依法给予处罚外，可以将其驾驶的机动车移至不妨碍交通的地点或者有关部门指定的地点停放：

（1）不能出示本人有效驾驶证的；

（2）驾驶的机动车与驾驶证载明的准驾车型不符的；

（3）饮酒、服用国家管制的精神药品或者麻醉药品、患有妨碍安全驾驶的疾病，或者过度疲劳仍继续驾驶的；

（4）学习驾驶人员没有教练人员随车指导单独驾驶的。

机动车驾驶人有饮酒、醉酒、服用国家管制的精神药品或者麻醉药品嫌疑的，应当接受测试、检验。

饮酒后驾驶机动车的，处暂扣六个月机动车驾驶证，并处一千元以上两千元以下罚款。因饮酒后驾驶机动车被处罚，再次饮酒后驾驶机动车的，处十日以下拘留，并处一千元以上两千元以下罚款，吊销机动车驾驶证。醉酒驾驶机

动车的，由公安机关交通管理部门约束至酒醒，吊销机动车驾驶证，依法追究刑事责任，五年内不得重新取得机动车驾驶证。饮酒后驾驶营运机动车的，处十五日拘留，并处五千元罚款，吊销机动车驾驶证，五年内不得重新取得机动车驾驶证。

醉酒驾驶营运机动车的，由公安机关交通管理部门约束至酒醒，吊销机动车驾驶证，依法追究刑事责任，十年内不得重新取得机动车驾驶证，重新取得机动车驾驶证后，不得驾驶营运机动车。饮酒后或者醉酒驾驶机动车发生重大交通事故，构成犯罪的，依法追究刑事责任，并由公安机关交通管理部门吊销机动车驾驶证，终生不得重新取得机动车驾驶证。

公路客运车辆载客超过额定乘员的，处二百元以上五百元以下罚款，超过额定乘员百分之二十或者违反规定载货的，处五百元以上两千元以下罚款。货运机动车超过核定载重量的，处二百元以上五百元以下罚款，超过核定载重量百分之三十或者违反规定载客的，处五百元以上两千元以下罚款。有前两款行为的，由公安机关交通管理部门扣留机动车至违法状态消除。

8.2.3 对机动车停放、临时停车的违法处理规定

对违反道路交通安全法律、法规关于机动车停放、临时停车规定的，可以指出违法行为，并予以口头警告，令其立即驶离。机动车驾驶人不在现场或者虽在现场但拒绝立即驶离，妨碍其他车辆、行人通行的，处二十元以上二百元以下罚款，并可以将该机动车拖移至不妨得交通的地点或者公安机关交通管理部门指定的地点停放。公安机关交通管理部门拖车不得向当事人收取费用，并应当及时告知当事人停放地点。因采取不正确的方法拖车造成机动车损坏的，应当依法承担补偿责任。

8.2.4 驾驶不符合上路条件的机动车的违法处理规定

驾驶拼装的机动车或者已达到报废标准的机动车上道路行驶的，公安机关交通管理部门应当予以收缴，强制报废。对驾驶前款所列机动车上道路行驶的驾驶人，处二百元以上两千元以下罚款，并吊销机动车驾驶证。出售已达到报废标准的机动车的，没收违法所得，处销售金额等额的罚款。伪造、变造或者使用伪造、变造的机动车登记证书、号牌、行驶证、驾驶证的，由公安机关交通管理部门予以收缴，扣留该机动车，处十五日以下拘留，并处两千元以上五千元以下罚款，构成犯罪的，依法追究刑事责任。伪造、变造或者使用伪造、变造的检验合格标志、保险标志的，由公安机关交通管理部门予以收缴，扣留该机动车，处十日以下拘留，并处一千元以上三千元以下罚款，构成犯罪的，依法追究刑事责任。使用其他车辆的机动车登记证书、号牌、行驶证、检验合

格标志、保险标志的，由公安机关交通管理部门予以收缴，扣留该机动车，处两千元以上五千元以下罚款。当事人提供相应的合法证明或者补办程应手续的，应当及时退还机动车。

非法安装警报器、标志灯具的，由公安机关交通管理部门强制拆除，予以收缴，并处二百元以上两千元以下款。

机动车所有人、管理人未按照国家规定投保机动车第三者责任强制保险的，由公安机关交通管理部门扣留车辆至依照规定投保后，并处依照规定投保最低责任限额应缴纳的保险费的两倍罚款。依照前款缴纳的罚款全部纳入道路交通事故社会救助基金。具体办法由国务院规定。

8.2.5 对没有驾驶资格驾驶机动车的违法处理规定

有下列行为之一的，由公安机关交通管理部门处二百元以上两千元以下罚款。

（1）未取得机动车驾驶证、机动车驾驶证被吊销或者机动车驾驶证被暂扣期间驾驶机动车的。

（2）将机动车交由未取得机动车驾驶证或者机动车驾驶证被吊销、暂扣的人驾驶的。

（3）造成交通事故后逃逸，尚不构成犯罪的。

（4）机动车行驶超过规定时速百分之五十的。

（5）强迫机动车驾驶人违反道路交通安全法律、法规和机动车安全驾驶要求驾驶机动车，造成交通事故，尚不构成犯罪的。

（6）违反交通管制的规定强行通行，不听劝阻的。

（7）故意损毁、移动、涂改交通设施，造成危害后果，尚不构成犯罪的。

（8）非法拦截、扣留机动车辆，不听劝阻，造成交通严重堵塞或者较大财产损失的。

行为人有第（2）项、第（4）项情形之一的，可以并处吊销机动车驾驶证；有第（1）项、第（3）项、第（5）项至第（8）项情形之一的，可以并处十五日以下拘留。

8.2.6 对道路产生非法影响的违法处理规定

未经批准，擅自挖掘道路、占用道路施工或者从事其他影响道路交通安全活动的，由道路主管部门责令停止违法行为，并恢复原状，可以依法给予罚款；致使通行的人员、车辆及其他财产遭受损失的，依法承担赔偿责任。有前款行为，影响道路交通安全活动的，公安机关交通管理部门可以责令停止违法行为，迅速恢复交通。

在道路两侧及隔离带上种植树木、其他植物或者设置广告牌、管线等，遮挡路灯、交通信号灯、交通标志，妨碍安全视距的，由公安机关交通管理部门责令行为人拆除妨碍；拒不执行的，处二百元以上两千元以下罚款，并强制拆除妨碍，所需费用由行为人负担。

8.2.7 营运车辆处罚规定

公路客运载客汽车超过核定乘员、载货汽车超过核定载重量的，公安机关交通管理部门依法扣留机动车后，驾驶人应当将超载的乘车人转运、将超载的货物卸载，费用由超载机动车的驾驶人或者所有人承担。

8.2.8 依法扣留机动车的处理规定

依照道路交通安全法第九十二条、第九十五条、第九十六条、第九十八条的规定被扣留的机动车，驾驶人或者所有人、管理人30日内没有提供被扣留机动车的合法证明，没有补办相应手续，或者不前来接受处理，经公安机关交通管理部门通知并且经公告3个月仍不前来接受处理的，由公安机关交通管理部门将该机动车送交有资格的拍卖机构拍卖，所得价款上缴国库，非法拼装的机动车予以拆除，达到报废标准的机动车予以报废，机动车涉及其他违法犯罪行为的，移交有关部门处理。

8.2.9 处罚的执行

对道路交通违法行为人予以警告、二百元以下罚款，交通警察可以当场做出行政处罚决定，并出具行政处罚决定书。行政处罚决定书应当载明当事人的违法事实、行政处罚的依据、处罚内容、时间、地点以及处罚机关名称，并由执法人员签名或者盖章。

当事人应当自收到罚款的行政处罚决定书之日起十五日内，到指定的银行缴纳罚款。对行人、乘车人和非机动车驾驶人的罚款，当事人无异议的，可以当场予以收缴罚款。

罚款应当开具省、自治区、直辖市财政部门统一制发的罚款收据，不出具财政部门统一制发的罚款收据的，当事人有权拒绝缴纳罚款。

当事人到期不履行行政处罚决定的，做出行政处罚决定的行政机关可以采取下列措施：

（1）到期不缴纳罚款的，每日按罚款数额的百分之三加处罚款；

（2）申请人民法院强制执行。

执行职务的交通警察认为应当对道路交通违法行为人给予暂扣或者吊销机

动车驾驶证处罚的，可以先予扣留机动车驾驶证，并在二十四小时内将案件移交公安机关交通管理部门处理。道路交通违法行为人应当在十五日内到公安机关交通管理部门接受处理。无正当理由逾期未接受处理的，吊销机动车驾驶证。公安机关交通管理部门暂扣或者吊销机动车驾驶证的，应当出具行政处罚决定书。

对违反本法规定予以拘留的行政处罚，由县、市公安局、公安分局或者相当于县一级的公安机关裁决。公安机关交通管理部门扣留机动车、非机动车，应当当场出具凭证，并告知当事人在规定期限内到公安机关交通管理部门接受处理。公安机关交通管理部门对被扣留的车辆应当妥善保管，不得使用。逾期不来接受处理，并且经公告三个月仍不来接受处理的，对扣留的车辆依法处理。

暂扣机动车驾驶证的期限从处罚决定生效之日起计算，处罚决定生效前先予扣留机动车驾驶证的，扣留一日折抵暂扣期限一日。吊销机动车驾驶证后重新申请领取机动车驾驶证的期限，按照机动车驾驶证管理规定办理。

公安机关交通管理部门根据交通技术监控记录资料，可以对违法的机动车所有人或者管理人依法予以处罚。对能够确定驾驶人的，可以依照本法的规定依法予以处罚。

8.2.10 对交通警察违法行为的处理规定

公安机关交通管理部门及其交通警察执行职务，应当自觉接受公民的监督，任何单位或个人都有权对公安机关交通管理部门及其交通警察不严格执法以及违法违纪行为进行检举、控告，收到检举、控告的机关，应当依据职责及时查处。交通警察有下列行为之一的，依法给予行政处分：

（1）为不符合法定条件的机动车发放机动车登记证书、号牌、行驶证、检验合格标志的；

（2）批准不符合法定条件的机动车安装、使用警车、消防车、救护车、工程救险车的警报器、标志灯具，喷涂标志图案的；

（3）为不符合驾驶许可条件、未经考试或者考试不合格人员发放机动车驾驶证的；

（4）不执行罚款决定与罚款收缴分离制度或者不按规定将依法收取的费用、收缴的罚款及没收的违法所得全部上缴国库的；

（5）举办或者参与举办驾驶学校或者驾驶培训班、机动车修理厂或者收费停车场等经营活动的；

（6）利用职务上的便利收受他人财物或者谋取其他利益的；

（7）违法扣留车辆、机动车行驶证、驾驶证、车辆号牌的；

（8）使用依法扣留的车辆的；

（9）当场收取罚款不开具罚款收据或者不如实填写罚款动机的；

（10）徇私舞弊，不公正处理交通事故的；

（11）故意刁难，拖延办理机动车牌证的；

（12）非执行紧急任务时使用警报器、标志灯具的；

（13）违反规定拦截、检查正常行驶的车辆的；

（14）非执行紧急公务时拦截搭乘机动车的；

（15）不履行法定职责的。

公安机关交通管理部门有前款所列行为之一的，对直接负责的主管人员和其他直接责任人员给予相应的行政处分。

公安机关交通管理部门及其交通警察有上述所列行为之一，给当事人造成损失的，应当依法承担赔偿责任。

依照本法前款的规定，给予交通警察行政处分的，在做出行政处分决定前，可以停止其执行职务，必要时，可以予以禁闭。依照本法第一百一十五条的规定，交通警察受到降级或者缴职行政处分的，可以予以辞退。交通警察受到开除处分或者被辞退的，应当取消警衔；受到撤配以下行政处分的交通警察，应当降低警衔。

交通警察利用职权非法占有公共财物，索取、收受贿赂，或者滥用职权、玩忽职守，构成犯罪的，依法追究刑事责任。

附录
道路交通安全违法行为记分分值

一、机动车驾驶人有下列交通违法行为之一的一次记12分

（1）饮酒后驾驶机动车的。

（2）造成致人轻伤以上或者死亡的交通事故后逃逸，尚不构成犯罪的。

（3）使用伪造、变造的机动车号牌、行驶证、驾驶证、校车标牌或者使用其他机动车号牌、行驶证的。

（4）驾驶校车、公路客运汽车、旅游客运汽车载人超过核定人数20%以上，或者驾驶其他载客汽车载人超过核定人数100%以上的。

（5）驾驶校车、中型以上载客载货汽车、危险物品运输车辆在高速公路、城市快速路上行驶超过规定时速20%以上，或者驾驶其他机动车在高速公路、城市快速路上行驶超过规定时速50%以上的。

（6）驾驶机动车在高速公路、城市快速路上倒车、逆行、穿越中央分隔带掉头的。

（7）代替实际机动车驾驶人接受交通违法行为处罚和记分牟取经济利益的。

二、机动车驾驶人有下列交通违法行为之一的一次记9分

（1）驾驶7座以上载客汽车载人超过核定人数50%以上未达到100%的。

（2）驾驶校车、中型以上载客载货汽车、危险物品运输车辆在高速公路、城市快速路以外的道路上行驶超过规定时速50%以上的。

（3）驾驶机动车在高速公路或者城市快速路上违法停车的。

（4）驾驶未悬挂机动车号牌或者故意遮挡、污损机动车号牌的机动车上道路行驶的。

（5）驾驶与准驾车型不符的机动车的。

（6）未取得校车驾驶资格驾驶校车的。

（7）连续驾驶中型以上载客汽车、危险物品运输车辆超过4小时未停车休息或者停车休息时间少于20分钟的。

三、机动车驾驶人有下列交通违法行为之一的一次记6分

（1）驾驶校车、公路客运汽车、旅游客运汽车载人超过核定人数未达到20%，或者驾驶7座以上载客汽车载人超过核定人数20%以上未达到50%，或者驾驶其他载客汽车载人超过核定人数50%以上未达到100%的。

（2）驾驶校车、中型以上载客载货汽车、危险物品运输车辆在高速公路、城市快速路上行驶超过规定时速未达到20%，或者在高速公路、城市快速路以外的道路上行驶超过规定时速20%以上未达到50%的。

（3）驾驶校车、中型以上载客载货汽车、危险物品运输车辆以外的机动车在高速公路、城市快速路上行驶超过规定时速20%以上未达到50%，或者在高速公路、城市快速路以外的道路上行驶超过规定时速50%以上的。

（4）驾驶载货汽车载物超过最大允许总质量50%以上的。

（5）驾驶机动车载运爆炸物品、易燃易爆化学物品以及剧毒、放射性等危险物品，未按指定的时间、路线、速度行驶或者未悬挂警示标志并采取必要的安全措施的。

（6）驾驶机动车运载超限的不可解体的物品，未按指定的时间、路线、速度行驶或者未悬挂警示标志的。

（7）驾驶机动车运输危险化学品，未经批准进入危险化学品运输车辆限制通行的区域的。

（8）驾驶机动车不按交通信号灯指示通行的。

（9）机动车驾驶证被暂扣或者扣留期间驾驶机动车的。

（10）造成致人轻微伤或者财产损失的交通事故后逃逸，尚不构成犯罪的。

（11）驾驶机动车在高速公路或者城市快速路上违法占用应急车道行驶的。

四、机动车驾驶人有下列交通违法行为之一的一次记3分

（1）驾驶校车、公路客运汽车、旅游客运汽车、7座以上载客汽车以外的其他载客汽车载人超过核定人数20%以上未达到50%的。

（2）驾驶校车、中型以上载客载货汽车、危险物品运输车辆以外的机动车在高速公路、城市快速路以外的道路上行驶超过规定时速20%以上未达到50%的。

（3）驾驶机动车在高速公路或者城市快速路上不按规定车道行驶的。

（4）驾驶机动车不按规定超车、让行，或者在高速公路、城市快速路以外的道路上逆行的。

（5）驾驶机动车遇前方机动车停车排队或者缓慢行驶时，借道超车或者占用对面车道、穿插等候车辆的。

（6）驾驶机动车有拨打、接听手持电话等妨碍安全驾驶的行为的。

（7）驾驶机动车行经人行横道不按规定减速、停车、避让行人的。

（8）驾驶机动车不按规定避让校车的。

（9）驾驶载货汽车载物超过最大允许总质量30%以上未达到50%的，或者违反规定载客的。

（10）驾驶不按规定安装机动车号牌的机动车上道路行驶的。

（11）在道路上车辆发生故障、事故停车后，不按规定使用灯光或者设置警告标志的。

（12）驾驶未按规定定期进行安全技术检验的公路客运汽车、旅游客运汽车、危险物品运输车辆上道路行驶的。

（13）驾驶校车上道路行驶前，未对校车车况是否符合安全技术要求进行检查，或者驾驶存在安全隐患的校车上道路行驶的。

（14）连续驾驶载货汽车超过4小时未停车休息或者停车休息时间少于20分钟的。

（15）驾驶机动车在高速公路上行驶低于规定最低时速的。

五、机动车驾驶人有下列交通违法行为之一的一次记1分

（1）驾驶校车、中型以上载客载货汽车、危险物品运输车辆在高速公路、城市快速路以外的道路上行驶超过规定时速10%以上未达到20%的。

（2）驾驶机动车不按规定会车，或者在高速公路、城市快速路以外的道路上不按规定倒车、掉头的。

（3）驾驶机动车不按规定使用灯光的。

（4）驾驶机动车违反禁令标志、禁止标线指示的。

（5）驾驶机动车载货长度、宽度、高度超过规定的。

（6）驾驶载货汽车载物超过最大允许总质量未达到30%的。

（7）驾驶未按规定定期进行安全技术检验的公路客运汽车、旅游客运汽车、危险物品运输车辆以外的机动车上道路行驶的。

（8）驾驶擅自改变已登记的结构、构造或者特征的载货汽车上道路行驶的。

（9）驾驶机动车在道路上行驶时，机动车驾驶人未按规定系安全带的。

（10）驾驶摩托车，不戴安全头盔的。

本书配套动画演示视频清单

序号	视频内容	视频页码
1	交通警察指挥手势——停止信号	91
2	交通警察指挥手势——直行信号	91
3	交通警察指挥手势——左转弯信号	93
4	交通警察指挥手势——右转弯信号	96
5	交通警察指挥手势——变道信号	98
6	交通警察指挥手势——减速慢行信号	99
7	交通警察指挥手势——示意车辆靠边停车信号	100
8	机动车信号灯和非机动车信号灯规定	103
9	人行横道信号灯规定	104
10	车道信号灯规定	105
11	方向指示信号灯规定	106
12	闪光警告信号灯规定	107
13	道路与铁路平面交叉道口信号灯规定	107
14	车道行驶规定	108
15	超车规定	112
16	会车规定	113
17	掉头规定	117
18	倒车规定	118
19	机动车通过有交通信号灯控制的交叉路口规定	118
20	机动车通过没有交通信号灯控制也没有交通警察指挥的交叉路口规定	123
21	交通不顺畅时的通行规定	125
22	灯光使用规定	130
23	机动车在道路上发生故障或者发生交通事故时的规定	135
24	非机动车通过有交通信号灯控制的交叉路口规定	146
25	非机动车通过没有交通信号灯控制也没有交通警察指挥的交叉路口规定	150
26	横过机动车道及借道通行规定	151
27	高速公路行驶速度规定	167
28	高速公路驶入驶离规定	169
29	高速公路车距规定	171
30	高速公路恶劣气象条件行驶规定	172
31	高速公路禁止行为	174
32	高速公路载货汽车、两轮摩托车载人规定	179